Wolfgang Kay

An der Hand der Mutter

Aus dem Leben
einer starken Frau aus Schlesien

Wolfgang Kay

An der Hand der Mutter

Aus dem Leben
einer starken Frau aus Schlesien

Laumann-Verlag

Bibliografische Information der Deutschen Nationalbibliothek
Die Deutsche Nationalbibliothek verzeichnet diese Publikation in der Deutschen Nationalbibliografie; detaillierte bibliografische Daten sind im Internet über https://dnb.de abrufbar.

Alle im Buch enthaltenen Bilder stammen aus dem Privatarchiv des Autors.

Postfach 1461, 48235 Dülmen/Westf.

Satzherstellung:
Martina von Corvin,
www.grafikvoncorvin.de

Gesamtherstellung:
Laumann Druck & Verlag GmbH & Co. KG,
48249 Dülmen/Westf.

ISBN 978-3-89960-498-6

info@laumann-verlag.de
www.laumann-verlag.de

Inhaltsverzeichnis

Vorwort

Wenn von Helden die Rede ist, denkt man an Personen, die besondere Leistungen, etwas Auffälliges, etwas Außergewöhnliches, von der Welt Bestauntes vollbringen.

Neben diesen besonderen Erscheinungen spielen die stillen Helden öffentlich kaum eine Rolle. Aber sie gibt es. Es sind die Mütter, die täglich Großartiges leisten. Vor allem die Mütter, die während und nach dem bitteren Zweiten Weltkrieg schützend vor ihren Kindern standen und sie aus aller Gefahr und Not geführt haben. Unter ihnen meine Mutter, deren Leistung – stellvertretend für unzählig viele – in diesem Buch festgehalten ist.

Die Erinnerung an die Zeit vor meinem 4. Lebensjahr basiert auf Erzählungen und auf Fotos, die oft Anlass zu Unterhaltungen gaben. Die eigenen Wahrnehmungen erstrecken sich ab etwa dem 4. Lebensjahr auf erstaunlich viele kleine Ereignisse, die fest in meinem Gedächtnis verankert sind. Meist sind es besonders schöne oder besonders schreckliche Begebenheiten.

Es ist gewiss unwahrscheinlich, dass ich mich derer immer und umfassend selbst entsinne. Es liegt vielmehr nahe anzunehmen, dass ich bestimmte Ereignisse ins Gedächtnis zurückzurufen vermag, weil ich Teilnehmer an Gesprächen zwischen Eltern, Großeltern, Verwandten und anderen Zeitzeugen war und dass Bilder durch Erzählungen geformt worden sind. Denn wenn man einen Vorgang oft genug hört, glaubt man letztlich, ihn erlebt zu haben.

Auch Bücher, Fotos oder Berichte haben meinen Blick zurück erweitert, ergänzt und konkretisiert.

Von größter Bedeutung sind die Gespräche mit der Mutter. Für sie war es etwas Befreiendes, wenn sie über die schwersten oder auch über die schönsten Zeiten ihres Lebens reden konnte. So bin ich auch Zeuge vom Hörensagen, „Hörzeuge"!

Die aus vielen Quellen gespeiste Lebensgeschichte ist zugleich eine Mahnung an die heutige Generation, alles zu tun, um Spannungen unter den Völkern, Feinseligkeiten oder gar erneute Kriege zu vermeiden. Denn der Leiden gibt es kein Größeres, als sich die Menschen selbst antun.

Heimatflimmern

Es mag ein sentimentaler Impuls oder – ausgelöst durch Mutters Erzählungen – eine Art Heimweh gewesen sein, was mich bewog, meinem Bruder nach 31 Jahren seit der Vertreibung aus der Heimat eine Fahrt an unseren Geburtsort Tempelfeld in Schlesien zu empfehlen. Und als ich meiner Mutter von unserem Vorhaben berichtete, sagte sie nur mit belegter Stimme: *„Ach ja!“* Und so brachen meine Frau und ich zusammen mit meinem Bruder und meiner Schwägerin im Jahre 1977 auf. Erwartungsvoll, und an der Grenze zur ehemaligen DDR angespannt, verließen wir die Bundesrepublik und erfuhren die Strenge des anderen Systems. Erstmals merkten wir den Wert der Freiheit in unserem rechtstaatlich-demokratischen Land und den Druck der Unfreiheit in der totalitären DDR. Dass wir zu gehorchen hatten, ließen uns die Grenzpolizisten schon spüren. Und dass der Kommunismus keine selbstlosen Menschen herangezogen hat, merkten wir bei der Zollkontrolle; denn wir hatten den Kofferraum meines Opel Rekord mit guterhaltener Kleidung und anderen Sachen gefüllt, die der Zollbeamte mit großen Augen musterte und anscheinend zu gerne gehabt hätte.

Die zeitaufwändige Weiterfahrt bei sommerlichen Temperaturen über die holprige ausgefahrene alte Reichsautobahn hatte uns durstig gemacht. Und so kehrten wir ein in ein Lokal, in dem uns zahlreiche leere Tische zum Platz nehmen einluden. Doch Platz nehmen durften wir nicht. Obgleich kein Mensch im Lokal war, hatten wir auf die Anweisung des Kellners zu warten. Also standen wir da, bis es dem peinlich unfreundlichen Ober einfiel, uns einen Platz zuzuweisen. Aber Durst macht geduldig. So bestellten wir naturgemäß etwas zum Trinken und bekamen eine Art Limonade. Nachdem wir das undefinierbare Getränk zu uns genommen hatten und wir unsere Schuld einlösen wollten, verlangte der Ober (immer noch abweisend und barsch) 4,50 Mark-Ost. Das aber hatten wir nicht. So gab ihm mein Bruder 10 DM-West und meinte: *„Stimmt so!“* Schlagartig wandelte sich der Mensch zu einer freundlichen, zuvorkommenden, dankbaren und frohen Person. Auch (Schein-)Kommunisten freuen sich über eine kleine Kapitalerhöhung.

Ein weiterer Beweis dafür folgte bald. Ich dachte mir, es wäre vielleicht besser, noch hier in der DDR zu tanken, sah in Görlitz etwas entfernt linksseitig der Straße eine Tankstelle und steuerte sie an. Obwohl es mir eigentümlich vorkam, dass aus der Gegenrichtung so viele Fahrzeuge auf das Tankstellengelände auffahren wollten und aus meiner Richtung kein einziges, blinkte ich links und fuhr auf die Tanksäule zu. Tobend und mit der Faust drohend kam uns der Tankwart entgegen geeilt (ich hatte verkannt, dass ich entgegen der Einbahnstraßenregelung gefahren war.). Dann aber stutzte der Mann. Er hatte an unserem Fahrzeugkennzeichen erkannt, dass wir aus Westdeutschland kamen. Sein Gesichtsausdruck entspannte sich. Es folgte (durchaus freundlich) die Frage, ob wir in D-Mark bezahlen. Und als ich das bejahte, zog er uns – die wir aus der falschen Fahrtrichtung kamen – vor und unser Wagen wurde bevorzugt aufgetankt. Was die anderen dachten, weiß ich nicht, kann es mir aber denken.

Und als wir die Neiße und damit die Grenze zu Polen erreicht hatten, wunderten wir uns doch sehr über die strenge Ausreisekontrolle durch DDR-Polizisten, denn unter den kommunistischen Bruderstaaten sollte doch eigentlich ein freundliches, vertrauensvolles Einvernehmen bestehen. Stattdessen wieder strenge, scheinbar bewusst verzögerte und zeitaufwändige Kontrollen. Dabei ist mir ein grober Fehler unterlaufen. Ich versuchte ohne jede böse Absicht, mit einem Grenzpolizisten in ein lockeres Gespräch zu kommen, grüßte ihn freundlich und fragte ihn nach wenigen belanglosen Worten, ob er denn hier auch Nachtdienst machen müsse. Kaum ausgesprochen, überfiel mich der Schreck. Die Frage könnte als Spionage ausgelegt werden, und Bautzen soll so ein schönes Zuchthaus haben. Eine solche unverfrorene Frage von einem auf Geheimhaltung verpflichteten Polizisten hätte dringenden Tatverdacht begründet. Doch der junge Beamte hat das wohl nicht so gewertet, sondern nur gesagt: *„Ja, das ist doch überall.“* Glück gehabt, dachte ich und gab mich völlig uninteressiert, bis wir endlich kontrolliert waren und weiter fahren durften.

Es gäbe noch einiges zu erzählen aus der aufregenden Fahrt durch den sozialistischen Teil Deutschlands. Aber ein gedankliches Verharren dort ist müßig, unser Ziel war Niederschlesien.

Schon als wir die Neiße überquert hatten, fühlte man sich (dem psychischen Druck des DDR-Systems entkommen) freier und spürte Heimatluft. Wir genossen den Anblick des weiten, hügeligen Landes, die von Feldern, Wiesen Wäldern und Dörfern durchzogene Landschaft. Mit dem Einschwenken auf die alte, zur damaligen Zeit sehr holprige, von Pferdefuhrwerken genutzte Reichsautobahn Richtung Süden wurde das Heimatbild von Minute zu Minute konkreter – bis wir es vor uns hatten: Unser Dorf Tempelfeld, schon im frühen 13. Jahrhundert vom Templerorden gegründet.

Hier endete damals die Autobahn. Und hier am Ende des Autobahnabschnitts hatten wir als Kinder gespielt, während Vater unterhalb mit seinen Pferden pflügte.

Genauso wie ich es in Erinnerung hatte, strahlte es uns entgegen: Noch immer rote Ziegeldächer inmitten grüner Bäume und der alles überragende Kirchturm, die schönen Bilder aus der Kinderzeit.

Tempelfeld aus der Ferne

Postkarte von Tempelfeld in der Vorkriegszeit

Die freudige Erwartung wurde aber gedämpft, als wir einfuhren. Denn überall waren die Kriegsschäden präsent – dazu 31 Jahre Verfall. Es sah traurig aus.

Und: Den historischen Ortsnamen hat man verändert. Aus Tempelfeld ist Owczary (Schäferdorf?) geworden. Warum der auf den Ritterorden hindeutende Ortsname getilgt wurde, konnte mir keiner erklären.

Als wir auf „unseren“ Hof einfuhren, kamen sie uns entgegen – die neuen Besitzer unseres Elternhauses. Bigos hieß die Familie. Von ihr wurden wir herzlich empfangen und ins Haus gebeten. Strahlend nahm die alte Frau Bigos die Grüße unserer Mutter entgegen.

Wir konnten in unserer einstigen Küche verweilen, durften wie früher im Haus schlafen und wurden – so gut es ihnen möglich war – beköstigt.

Zur Überwindung der Sprachbarriere hatten sie einen Nachbarn bestellt, der gebrochen Deutsch sprach. Während auf unserer Seite die Neugier überwog, dominierte bei ihnen Freundlichkeit.

Frau Bigos erinnerte sich daran, dass ich so gerne Piroggen aß. Wenn wir Kinder damals (1945/1946) den Hof gefegt hatten, lud sie uns zum Essen ein: Piroggen. Darum hat sie uns prompt welche bereitet.

Unser stattliches Wohnhaus war aufgeteilt. In unserem ehemaligen Wohnzimmer und nebenan im Schlafzimmer, in dem Raum, wo wir (mein Bruder, meine Schwestern und ich) geboren wurden, lebten andere, sehr abweisende Leute. Die Familie Bigos nutze die Küche und die Räume im Obergeschoss. Dort hatte man auch für uns Schlafgelegenheiten hergerichtet. Saubere, frisch bezogene Betten standen für uns bereit. Unter dem Dach unserer Kindheitstage durften wir uns aufhalten und schlafen. Im Rahmen ihrer Möglichkeiten hatte Frau Bigos alles getan, um unseren Aufenthalt angenehm zu gestalten.

Als wir uns dann in Hof und Garten umsahen, waren sie wieder da, die vielen Erinnerungen an eine schöne Kindheit, in der wir an Mutters Hand die ersten Schritte taten. Aber auch die Bilder von dem schrecklichen Krieg und den Nachkriegstagen tauchten wieder auf. Unser einst schöner Bauernhof sah schlimm aus. Verwüstung überall! Im Dorf das gleiche traurige Bild: Abgebrannte Scheunen, zerstörte Häuser, verwilderte Gärten und verarmte Menschen.

Unser Anwesen vor dem Krieg

Wie es einstmals war – in unserem Dorf

Mutter war die Frau des Landwirts Paul Kay, Magdalena geborene Baumgart, Jahrgang 1910. Ich war der 2. Sohn. In Tempelfeld (etwa 13 Kilometer westlich von Brieg und nur 3 Kilometer von dem historischen Ort Mollwitz, bei dem Friedrich der Große im Jahre 1741 den Habsburgern Schlesien abgerungen hat, entfernt, im Kreise Ohlau in Schlesien) besaßen die Eltern einen mittelgroßen Bauernhof. Das Dorf, in der fruchtbaren Odertiefebene Mittelschlesiens gelegen, war ein kleines Angerdorf. Am Ortseingang trennte sich die aus Richtung Brieg einfließende Chaussee in die kopfsteingepflasterte, von Lindenbäumen markierte „Große Seite" und die unbefestigte „Kleine Seite". Am anderen Ende fanden die Straßen wieder zusammen.

Der innere Teil wurde Anger genannt. Aber ein Anger war er zu Anfang der über 750-jährigen Dorfgeschichte mal, im Laufe der Zeit ist er bebaut worden. Kirche, Schule, einzelne Gehöfte und kleine Handwerksbetriebe (ein Krämerladen, die Schmiede, ein Stellmacher, ein Schreiner und ein Ziegeleibetrieb) fanden dort ihren Platz. Aus meiner Kindheitserinnerung: Der schönste Platz der Erde.

Unser Hof lag an der kleinen Seite. Wie in weiten Teilen Schlesiens üblich, war auch unser Anwesen ein Vierseithof, ein von Gebäuden umschlossenes viereckiges Areal. Gleich davor – mit Kinderaugen betrachtet – ein großer Teich, an dem ein Steg vorbei zur großen Seite führte.

Hinter einem großen Tor lagen rechtsseitig das Wohnhaus, dahinter Pferde- und Kuhstall und ein Wagenschuppen. An der Kopfseite schloss die große Scheune mit zwei Durchfahrten zu den Feldern den Hof ab. Von der Scheune aus auf der linken Seite zurück zur Einfahrt hatte Vater eine Werkstatt, es folgten Geräteschuppen, ein Pferdestall für Gäste (die meisten kamen mit einer Kutsche zu Besuch), Schweine-, Hühner- und Gänse-/ Putenställe. Das sogenannte Auszughaus schloss das Gehöft ab.

Hier, im Auszughaus unseres Anwesens, lebten die Eltern väterlicherseits, während wir in dem für die damalige Zeit stattlichen Wohnhaus Schirm und Schutz fanden.

Hof Familie Paul Kay

Große, zum Teil sehr reiche Bauern zusammen mit dem Pfarrer und dem Lehrer gaben den Ton im Dorfe an. Der Himmel auf Erden war es nicht, das Dorf. Bauernstolz dominierte. So groß wie sein Hof, so bedeutend fühlte sich der Eigentümer. Das vom Vermögen getragene Selbstwertgefühl zeigten die Herren gerne, sie trugen es selbstgefällig zur Schau. Wer wenig besaß, fiel auf der ungeschriebenen sozialen Werteskala ab; zum unbedeutenden Nachbarn. Das musste sich sogar in der Kirche widerspiegeln, wo die Großen ihre namentlich gekennzeichneten Plätze hatten.

Zu den ganz Großen gehörten wir nicht; nur 92 Morgen Land wurde von unserem Gehöft aus erfolgreich bewirtschaftet. Wir hatten keine festgelegten Plätze im

Gotteshaus, wir gehörten wohl zur Mittelschicht, weder besonders wertgeschätzt noch gering geachtet.

Die Armen waren meist schlank, hager und abgearbeitet. Im Gegensatz dazu waren die reichen älteren Herren überwiegend rund und füllig und trugen stolz – gekleidet im korrekten Anzug mit Weste, in der Hand einen Stock mit Silberknauf – ihren gewölbten Leib zur Schau.

Dass sie heimlichem Gespött ausgesetzt waren, zeigte sich in dem satirischen Spruch: *„Esst Suppe, Suppe macht Wampe* (abwertend für Bauch)*, Wampe macht Ansehen, Ansehen gibt Kredit."*

Dass man uns als durchschnittlich große Bauernfamilie angemessen und ehrenhaft begegnete, verdanken wir neben dem wirtschaftlichen Erfolg vielleicht Vaters Reiterkunst und seinen sportlichen Erfolgen auf seinem Oldenburger Rassepferd, das er schlicht die „Braune" nannte. Eventuell begleitete uns deshalb auch ein bisschen Missgunst.

Reitabteilung Tempelfeld – der dritte Reiter von rechts ist Vater Paul Kay auf seinem Pferd, das er nur die «Braune» nannte

Nicht weit entfernt von uns, in der Ortsmitte auf dem Anger, waren Mutters Eltern, Oma und Opa Baumgart, zu Hause. Auch sie betrieben eine Landwirtschaft, die ihr Sohn nach dem Krieg fortführen sollte. Für uns Kinder war es ein Vergnügen, dorthin zu laufen und uns verwöhnen zu lassen. Sie hatten trotz der Pflichten auf Hof und Feld immer Zeit für uns Kinder. Besonders Oma Baumgart erzählte uns spannend die alten schönen Märchen, berichtete von Elfen und Gespenstern und von Rübezahl, der oben in den Bergen lebte und schützend die Hand über sein schlesisches Volk ausbreitete. Und vor allem vertiefte sie, was Mutter uns von unserem Herrgott, von Jesus, Maria, von Schutzengeln und Heiligen berichtet hatte.

In der Kirche, der schönen Kirche, fanden wir in Bildern bestätigt, was man uns erzählt hat. In diesem Umfeld erblickten wir das Licht der Welt.

Unbeschwerte Kindheitstage

Mit starkem Schneefall hatte der Himmel das Neue Jahr gesegnet. Es schneite weiter. Kalt war es draußen; umso wohliger war es in der warmen Küche. Damals waren Küche und Esszimmer der alltägliche Aufenthaltsraum. Das Wohnzimmer, die sogenannte gute Stube, wurde nur sonntags, an Feiertagen und aus besonderen Anlässen über den großen Kachelofen beheizt.

Die Fensterscheiben des Esszimmers waren meist vereist. Der Frost hatte wie immer Blumen und Blätter auf die Scheiben gezeichnet. Getrübt fiel das Tageslicht ein. Mutter hatte die Stube schön aufgeheizt und uns das Frühstück bereitet. Dann betrat Vater die behaglich warme Stube. Längst war für ihn der Arbeitstag angebrochen, hatte er sich doch zuerst einen Weg zu den Ställen und einen Pfad zur großen Scheune durch den Schnee bahnen müssen, um dann seine Pferde und das Vieh in den Ställen zu versorgen.

Frische kühle Luft brachte er mit und setzte sich zu uns an den Tisch zum gemeinsamen Frühstück. Heiße Milch und Sirup- oder Honigschnitten waren uns Kindern am liebsten, während die Eltern ganz gerne zu Schmalz und Wurst griffen. Wir Kinder (mein älterer Bruder Karl-Heinz, ich und meine jüngere Schwester Marianne) hatten auf der Bank vor dem Fenster unsere Plätze. Als Schutz vor der Kälte hatte Mutter die Bank mit Decken eingehüllt, so dass uns die von den Fenstern herabfallende Kälte kaum erreichte. Mit wachem Blick und stets besorgt stand sie uns zur Seite. Unserer kleinen Schwester, inzwischen 2 Jahre alt, schnitt sie die schmackhafte Schnitte in Stücke und die Kleine steckte die Häppchen – noch ein bisschen unbeholfen – in ihr Mündchen. Wir Jungen gaben uns schon erhaben und bissen in unser Sirup-Brot, als wäre es eine Kleinigkeit. Doch nach dem Frühstück sahen wir alle gleich aus – rund um den Mund mit Sirup bekleckert und die Finger vollgeschmiert. Für Mutters Hände kein Problem. Mit wenigen Griffen hatte sie uns schnell von der klebrigen Masse befreit.

Dann weckten die Fensterscheiben unsere Aufmerksamkeit. Auf der Bank stehend zeichneten wir die «Eisblumen» nach und schufen mit unseren warmen Fingern Gucklöcher. Als wir feststellten, dass sich die Eisblumen auch weg atmen ließen, hatten wir bald ein bisschen Sicht nach draußen in Mutters verschneiten Garten. Nicht lange, dann setzte sich der Frost wieder durch. Unser Interesse hatte sich ohnehin schon umorientiert – wie immer reizte unser Spielzeug, das uns das Christkind gebracht hatte.

Bald war auch das erledigt. Es zog uns hinaus, um die weiße Pracht zu testen. Warm eingepackt durchstöberten wir die von Vater freigeschaufelten Pfade hin zu den Stallungen, befühlten den Schnee und hatten unsere Freude an der weißen Pracht, bis wir durchgefroren waren und wieder der häuslichen Wärme zustrebten.

So verging Wintertag für Wintertag. Und manchmal spannte Vater die Pferde vor den großen Schlitten und dann ging es – eingehüllt in warme Mäntel und im Schutz von Decken – hinaus in die weite weißbedeckte Flur. Die Pferde hatten ihre Freude an der Bewegung in der frischen Luft. Am liebsten wären sie im Galopp daher geprescht.

Bald bemerkten wir, dass sich etwas änderte. Die Eisblumen an den Fenstern wurden immer kleiner und die Scheiben nasser. Von den Eiszapfen an der Dachrinne über dem Küchenfenster tropfte es unablässig. Es entging uns nicht, dass laue Lüfte heranzogen und das zarte Beharren des Frühlings allmählich über den Winter triumphierte, dass der Schnee dahin schmolz, die Vögel lauter zwitscherten und unruhig hin- und herflogen. *«Der Frühling ließ sein blaues Band wieder flattern durch die Lüfte.»* Dass der Frühling Einzug nahm, zeigte sich bald am Naturwunder des Vogelflugs Richtung Norden. Auch die Störche waren aus ihren Winterquartieren zurück und hatten ihre alten Nester auf den Dächern der Scheunen wieder gefunden. Eine neue Zeit kündigte sich an – die Natur erwachte.

Als der Schnee geschmolzen und der Hof wieder frei war, durften wir mit Mutter hinaus. Wir tauschten Hof und Garten gegen die Stube. Da gab es viel zu entdecken; denn auch auf dem Hof regte sich neues Leben. Das Federvieh durfte raus aus dem Stall und zog artgemäß seine Kreise – immer auf Futtersuche. Ein buntes Flattern, Rennen, Hetzen, Eilen und Schnattern setzte ein, wenn Mutter hinausging, um es zu versorgen.

Aus einem Eimerchen streuten sie und wir die Körner aus – und schon kamen sie: die Gänse, Puten, Enten, Hühner und auch die Tauben aus ihren Nesthöhlen unter dem Dachvorsprung. Ein jedes versuchte schnell das Beste zu erhaschen.

Wurde uns – später von uns unseren Kindern oder Enkelkindern – die Geschichte von Max und Moritz vorgelesen oder erzählt, tauchten immer wieder die Bilder vom Geschehen auf unserem Hof auf.

«Kaum hat dies der Hahn gesehen,
fing er auch schon an zu krähen.
Kikeriki, kikeriki!
Tak tak tak, da kommen sie.»

Der bunte Hahn inmitten seiner Hühnerschar stolzierte täglich durch den Hof, krähte fröhlich, glücklich, zufrieden. Die Hühner folgten ihm und eilten herbei, wenn der Hahn – wie bei Max und Moritz – etwas Leckeres entdeckt hatte. Abends, recht früh schon, ging es in den Stall zurück. Oben auf einer Stange saßen sie –

Hahn und Hühner – dicht an dicht und träumten der Nacht entgegen.

Unten am Boden hatte jede Henne ein Nest in einem eingerichteten Gehege. Da hinein legte jedes Huhn seine Eier. Hatte ein Huhn ein Ei gelegt, folgte ein fröhliches Gackern – und das sehr häufig am Tag. Ihre offensichtliche Glückseligkeit war stets groß – sie konnten ja auch nicht ahnen, dass Mutter oder unsere treue polnische Magd namens Stani ihnen das Produkt bald wegnehmen wird. Wann und wie sich der Osterhase bei den Hühnern bedient hat, blieb uns ein Geheimnis. Aber er musste doch erfolgreich sammeln, denn am Osterfest waren bunte Eier im Osternest.

Aber manches Huhn schien die Gefahr des «Eierdiebstahls» erkannt zu haben, denn es hatte sich abseits ein eigenes verstecktes Nest gebaut und sich gefreut – bis der geheime Ort entdeckt war.

Schon bald kamen einige Hennen nicht mehr allein. Ihr folgten kleine, gelbe Zweibeiner, ihre Küken. Wie schön sie ihrer Mutter folgten, wenn sie den Hof durchschritt. Es war spannend anzusehen, wie sie in Aufregung verfielen und eilig piepsend nacheilten, wenn sie den Kontakt zu ihr verloren hatten! Das war nicht selten. Mit fortschreitender Zeit wurden die Kleinen immer mutiger und neugieriger. Dann kam es schon mal vor, dass ein Küken – auf etwas neugierig geworden – eigene Wege ging. Wenn es dann merkte, dass Mutter und Geschwister außer Sichtweite waren, war was los. Laut piepsend ging es auf die Suche, bis der Anschluss wiederhergestellt war.

Grund zur Freude! Entspannung pur! Vor den Gänsen und Puten musste man sich schon ein wenig in Acht nehmen. Kam man ihnen zu nahe, kamen die Alten gefährlich zischend und drohend auf uns zu. Auch wenn ihre Jungen hübsch und niedlich anzusehen waren, hielten wir respektvoll Distanz.

Den Puten gefiel wohl die rote Farbe nicht. Wenn wir etwas Rotes anhatten oder Schürzen trugen, die irgendwie rot verziert waren, wurden sie ärgerlich, machten Jagd auf uns und wir ergriffen die Flucht (rote Sachen, das mochten sie nicht? Es mag auch sein, dass man uns das «aufgetischt» hat und die Aggression andere Ursachen hatte).

Dazwischen die schönen blauschimmernden bunten Haustauben, die oben unter dem Dachvorsprung des Geräteschuppens und dem Hühner-/Gänsestall in Verschlägen ihr Zuhause hatten. Sie flogen hin und her – kam die Futterzeit, fanden sie sich zwischen dem anderen Federvieh ein und pickten sich heraus, was ihnen besonders gefiel. Dabei nahmen sie sich vor dem größeren Gefieder in Acht und flogen auf, wenn ihnen ein Hahn oder eine Gans bedrohlich nah kam.

Ihr Gurren vom Dachgipfel gehörte zur Morgen- und Abendstimmung.

Wenn in den 60er Jahren Heintjes Schwalbenlied im Radio erklang, erwachten die Bilder der vielen kunstvoll an die Wände geklebten Schwalbennester im Stall, unter den schützenden Dachüberständen des Stalles und der Scheune.

Mutter, unterm Dach ist ein Nest dort gebaut!
Schau, schau, schau, ja schau!
Dort hat der Dompfaff ein Pärchen getraut!
Trau, trau, trau, ja trau!
Da sieh' nur, wie glücklich die Beiden sind.
Sie fliegen hin und her,
sie fliegen hin und her.
Ach Mutter, ach wär' ich ein Schwalbenkind.
Wie schön, wie schön das wär', das wär'!

Der Kuhstall war der klassische Ort, an dem mehrere Pärchen nebeneinander ihre Nester gebaut hatten. Eine flache Schale aus Lehm und etwas Stroh hatten sie an die Kuhstallwand unter die Stalldecke gemauert, so dicht unter der Decke, dass man nicht hineinsehen konnte. Sie liebten die Gemeinschaft und lebten in Kolonien. Durch Kuhstallfenster oder die offene Stalltür segelten sie, gar nicht scheu. Ein wahres Schauspiel war es, wenn die Brut geschlüpft war und Ausschau hielt. Wenn dann die Jungen aus den Nestern schauten, um die Wette zirpten und ihre Schnäbel aufrissen, sobald die Alten anflogen, war die Spannung groß. Waren die Jungen dann flügge, sah man sie noch einige Zeit in Reih und Glied nebeneinander auf der Stromleitung sitzen, die vom Wohnhaus hinüber zu den gegenüberliegenden Stallungen gespannt war.

Sie lebten im Paradies, denn nirgendwo war es einfacher, Fliegen und Insekten zu fangen, als im und rund um den Bauernhof. Großartig war ihr Segelflug in der Abendstimmung über dem großen Teich. Dort schien es besondere Delikatessen zu geben, jedenfalls war der Mückenfang über dem Wasser nicht nur ein scheinbares Ritual.

Und die Spatzen, wie sie schwatzten. Sie fühlten sich wohl unter dem Gewölbe der Dachpfannen oder an anderen geschützten Plätzen. Sie lebten – wie die Schwalben – in Gemeinschaften. Sie traten regelmäßig in Gruppen auf. Flog einer an, kamen die anderen in Scharen hinterher. Flog einer auf und davon, folgten die anderen im Schwarm. Ihre Geselligkeit war auffällig. Keiner war allein.

Ganze «Abteilungen» erstürmten den Hof zu Futterzeiten. Zuerst kam einer (der Kundschafter), dann die andere Schar. Zwischen dem großen Geflügel hüpften und pickten sie sich satt. Ihr Gesang war nicht unbedingt melodisch, aber im wiederkehrenden Gleichklang doch ein sehr, sehr schönes Geplapper.

Ein Schauspiel besonderer Art boten auch die vielen Stare, die im März aus ihren Winterquartieren zurückgekommen waren. Wie die Spatzen kamen sie meist in Schwärmen zu Besuch. An den Futterstellen schritten sie hurtig zwischen Hühnern, Gänsen, Puten, Tauben und Spatzen einher.

Mit schnalzenden und pfeifenden Lauten begrüßten oder verabschiedeten sie fröhlich jeden Tag und trafen sich allabendlich truppweise in den großen Lindenbäumen an der Hauptstraße und auf dem Kirchhof zur Nachtruhe.

Auch das Pärchen, das sich im Starenkasten am Birnenbaum vor unserem Haus seine Brutstätte eingerichtet hatte, zog unsere Neugier auf sich; saß der Star doch morgens früh schon auf der Stange vor dem Kasten und begrüßte tirilierend jeden neuen Tag.

Nicht ganz so schön fanden es die Bauern, wenn ganze Schwärme in die Kirschbäume einfielen und die köstlichen Früchte anpickten. Aber auch das gehörte zum Landleben.

Lustig war der Besuch im Schweinestall. Dort roch es zwar abscheulich. Trotzdem gingen wir gerne hin –

besonders wenn die große Sau Junge bekommen hatte. Sie waren so niedlich klein. Doch schon bald turnten sie in ihrem Gehege munter herum. Und wenn wir den Stall betraten, kamen sie ans Gatter geeilt und grunzten und schauten aus ihren munteren, lieblichen, strahlenden, klugen Äugelein durch die Stäbe hindurch, als wenn sie mit uns spielen wollten.

Mit großen, staunenden Augen sahen wir, wie die Pferde leise wiehernd unseren Vater begrüßten, wenn er den Stall betrat. Er war ihnen ein vertrauter Freund – und sie waren Vaters Freunde. Sie waren ihm nicht allein zur Arbeit auf dem Felde so wichtig, sie waren ihm fest ans Herz gewachsen. Pferde waren Vaters großes Glück und ganzer Stolz, war er doch nicht nur Landwirt, sondern auch ein erfolgreicher Turnierreiter. Und das passte zusammen. Er sah in der Oldenburger Pferderasse die perfekte Ergänzung seiner Träume, seiner Pflichten und Vergnügungen. *«Oldenburger haben sich vor allem durch ihre Kraft und Sportlichkeit einen Platz unter den erfolgreichsten Pferderassen gesichert. Auch die Ausstrahlungskraft und Eleganz der norddeutschen Pferde entzückt viele Pferdeliebhaber. Trotzdem sind die stolzen Tiere bodenständig und ideale Begleiter für Jung und Alt. Sie sind nicht nur elegante Sportler sondern auch ausdauernd und geduldig. Es sind starke und dynamische Pferde, die trotzdem viel Gelassenheit an den Tag legen.»* So werden sie im Internet charakterisiert und bildlich sehenswert dargestellt und so haben wir sie erlebt.

Im Stall nebenan standen oder lagen sie, die uns die tägliche Milch schenkten, schwarz/weiß gescheckte Kühe. Friedlich, geduldig und wiederkäuend. Und doch bedauernswert, die armen Tiere. Seit Friedrich dem Großen galt in Schlesien die Stallhaltung. Der Beruf des Gemeinde-Kuhhirten war abgeschafft. Also: Für die Kühe galt Home Office! Einen Ausflug auf die Weide gab es nur ganz selten. Der große Bulle, der eingepfercht in der Nähe des Eingangs stand und mit bösem Blick jeden «Besucher» abstrafte, schien sehr gefährlich. Er war wohl grimmig, weil er – enger als die Kühe – eingesperrt war. Oder war er eingesperrt, weil er böse und gefährlich war? Sein Blick war für uns Kinder furchterregend. Gewiss war es auch kein schönes Dasein, immer im Stall stehen zu müssen und sich kaum bewegen zu können. Ein bisschen Freiheit an frischer Luft unter strahlender Sonne oder selbst im Regen hätte ihm sowie den Kühen wohl gefallen.

Dann war Ostern. Neben dem Kreuzestod des Herrn erzählten Mutter und die Omas spannend vom Osterhasen. Wie er aussah, hatte Vater uns gezeichnet. Dass er die Eier bei den Hühnern abgebettelt und eingefärbt haben soll, nahmen wir aufmerksam oder auch ein bisschen zweifelnd auf. Aber es musste doch wohl so sein; denn als es am Ostersonntagmorgen in Mutters Garten auf die Osternestsuche ging, hat Vater ihn gesehen und uns gezeigt, wie er über die weite Flur davon hoppelte – nur ich habe vergeblich Ausschau gehalten. Den

Beweis für die Existenz des Osterhasen entdeckten wir bald – in den Osternestern lagen bunt bemalte Eier.

Spielend und neugierig mit großen Augen, gerichtet auf die Blütenpracht an Bäumen und im Garten, durchlebten wir den Frühling bis der Sommer seine wohlige Pracht entfaltete.

Ein Sommertag

Seltsam, dass ich mich so klar daran erinnere: Es war ein herrlicher Sommermorgen. Mutter hatte uns bereits versorgt und stand vor dem weiteren Pflichtprogramm einer Bäuerin, das sie meist in guter Stimmung anging. Ich war im vierten (oder doch schon im fünften?) Lebensjahr. Der aufkommende Tag und wohl auch die morgendliche Frische hatten mich hinaus gerufen. Ich setzte mich auf die Eingangstreppe und lauschte auf die allmorgendlichen Geräusche und kleinen Stimmen der lebendigen Geschöpfe, die ihre Freude an der Natur in verschiedener Weise kundtaten. Ganz eindringlich entdeckte ich die Schatten des gegenüberliegenden Hauses und der Stallungen, die das Licht des erwachenden Tages auf den Hof warf. Tiefdunkel, schwarz fast kamen sie mir unter einem strahlend blauen, wolkenlosen Himmel vor. Dagegen über den Dächern der purpurne Glanz der aufgehenden Sonne, der den neuen Tag ankündigte. Staunend nahm ich auf, wie die Schatten dem Sonnenstand schleichend weichen mussten und immer kürzer wurden. Ein schöner, warmer Sommertag kündigte sich an. Dieses unvergessliche, tief in die Seele eingegrabene Heimatbild lebt in mir.

Dass ein neuer Tag erwacht war, äußerte sich im Bellen der Dorfhunde, im Krähen der Hähne, bald kam das Schnattern der Gänse, das Flügelschlagen der Hühner und das Gurren der Tauben, das Zwitschern der Vögel in den Bäumen hinzu – der erwachende Tag erschien mir wie ein Traum.

Im großen Hof und Mutters Garten konnten wir ungefährdet spielen. Und wenn Mutter ihren Garten bestellte, waren wir dabei, sahen zu, wie sie den Boden auflockerte, Beete anlegte, säte und Pflanzen setzte – und nebenbei machten wir Bekanntschaft mit Regenwürmern, Käfern und anderen Kleinstlebewesen. Dass Würmer wiederum ein gefundenes Fressen für die Vögel waren – den ersten, den sie erwischten, verschlangen sie oder trugen sie davon – verfolgten wir mit fragendem Blick. *«Warum wurde der Wurm gefangen?»*

Bald schon brachen wir auf, um das Dorf zu erkunden. Wir bestaunten, wie die Gänse und Enten allmorgendlich zum Teich vor unserem Hof watschelten, sich im Wasser niederließen, ihre Runden schwammen und gelegentlich *«Köpfchen unter Wasser, Schwänzchen in die Höh»* spielten.

Alltäglich morgens pünktlich um 10 Uhr 10
sah man sie eiligst zum Teiche gehen.
Bescheiden und doch in geordnetem Marsch
folgten watschelnd die Enten nach.
Dort traf man sich zur Plauderstunde
und drehte gemeinsam manche Runde.
Sie schlürften Algen, schnappten nach Mücken und
ließen den Kopf im Wasser versinken.
Kräftiges Flügelschlagen, hin und wieder,
lüftete das schneeweiße Gefieder.
Und brach der Nachmittag herein,
watschelten alle wieder heim.

Mit kindlichem Forschertrieb durchstreiften wir unser Spielrevier. Der Duft der Blumen, der intensive Geruch des Heus, die wärmenden Strahlen der Sonne, Wind und Sturm, Regen, Blitz und Donner vertieften unser Bild von der schönen Welt.

Respektvoll begleiteten unsere Augen die kräftigen, feurigen Pferde, die getreu dem Geheiß der Bauern ihre

Fuhrwerke hinaus aufs Feld oder schwer beladen zurück in ihren Hof zogen.

«Wenn die Arbeit getan und der Abendfrieden beginnt», erklang das Lied der Frösche vom Teich her. Dieses allabendliche Ritual begleitete die entspannte Unterhaltung auf der Gartenbank bei Mama und Papa, Oma und Opa.

Erhaben fühlten wir uns, wenn wir oben auf dem Heuwagen – drei Meter über dem Erdboden – mitfahren und dann in dieser für Kinder beachtlichen Höhe die Kirschen von den Bäumen an den Straßen und Wegen erreichen und pflücken konnten.

Auf dem Heuwagen (Zeichnung von Linda Redenz)

Wie gerne auch Pferde ein Bad nahmen, zeigte sich, wenn sie nach getaner Arbeit vom Hof galoppierten, in den Teich sprangen und sich erfrischten.

Verärgert waren wir, wenn Vater seine Pferde vor den Landauer Kutschwagen[1] spannte und wir nicht mitfahren durften. Das war meistens nur der Fall, wenn Besuch vom Bahnhof im Nachbardorf abzuholen war. Dann war mir der Unmut ins Gesicht geschrieben.

Für den Fall wurden die ohnehin prächtigen Pferde gestriegelt und mit dem Sonntagsgeschirr (hochglanzpoliert) ausgestattet. Man wollte auch zeigen, was man hat.

Wie wichtig Schutzengel sind, von denen Mutter und Oma gesprochen haben, sollten wir bald erfahren. Unsere kleine Schwester war in den Teich gefallen und wäre ertrunken, wenn nicht ein älteres Mädchen sie schnell am Haarschopf gefasst und sie wieder herausgezogen hätte. Ein Schutzengel eben! Renate Gutsche, die schon schulpflichtige Tochter des Josef Gutsche aus Haus Nr. 41, war der Engel.

Sie waren zu schön, die heißen Sommertage in Schlesien. Wenn dann und wann ein Regenschauer oder ein Gewitter Frische spendete, ergriff uns ein neues Glücksgefühl.

Als die ersten schwerbeladenen Erntewagen ins Dorf und in die Scheunen einfuhren und Dreschmaschinen ihre Stimmen erhoben, kündigte sich eine neue Zeit

---

[1] Jeder größere Hof hatte einen solchen Kutschwagen – je größer die Landwirtschaft, desto schöner der Wagen.

an – eine mühsame Zeit. Kaum waren Weizen, Roggen, Gerste und Hafer eingefahren und gedroschen, waren die Rüben zu ernten. Es musste gepflügt und neu ausgesät werden. Vater und Mutter hatten viel zu tun. Für uns gab es immer wieder Neues zu entdecken.

Die Herbstzeit hatte unaufhaltsam Einzug gehalten. Herbstlich kühl war es geworden. Scharfe Winde gingen über die abgeernteten Felder und die weite Flur. Stürme rüttelten an den Bäumen. Die Abende wurden länger und früh eintretende Dunkelheit lockte uns zurück in die behagliche warme Stube, in der es umso heimeliger wurde, je mehr sich das Jahr zum Ende neigte. Sankt Nikolaus und das Christkind rückten in den Mittelpunkt der Erzählungen. Gespannt und ein wenig ängstlich hörten wir zu, wenn Mutter oder Oma vom baldigen Besuch des St. Nikolaus mit Knecht Ruprecht berichteten und das Nahen des Weihnachtsfestes ankündigten. Unheimlich wurde uns, wenn mitten in die Erzählung plötzlich Nüsse durch die Stube flogen (bis wir entdeckt hatten, dass da Omas Hand im Spiel war).

Das Haus nahm andere Düfte an. Die Weihnachtsbäckerei öffnete ihre «Pforten». Würzige Gerüche durchströmten das Haus. Lebkuchenduft (Pfefferkuchen), Marzipan, Teegebäck und Kekse, alles machte Mutter selbst. Und kurz vor den Festtagen durchströmte Gänsebratenduft Küche, Flur und Stuben.

Und dann endlich war Weihnachten. In der «guten Stube» spendete der Kachelofen behagliche Wärme. Der Christbaum strahlte im Kerzenschein. Das Christkind war gekommen und hatte uns beschenkt. Wir waren kindlich glücklich. Wohl besorgt und behütet durchspielten wir die Zeit.

Und schon nahm des nächste Jahr seinen Lauf. Gleich dem Vorjahre waren die Wintertage ausgefüllt mit Eis und Schnee. Und wieder gab es was Neues zu entdecken. Die großen Jungen im Dorf hatten die Eisschicht auf dem Teich vor unserem Hof in Vierecke (vielleicht 2 Meter im Quadrat) gehackt und sind darauf herumgesprungen. «Schiffespringen» nannten sie ihr lebensgefährliches Treiben. Wenn ein Eisblock abkippte, musste der Bursche schnell auf einen anderen springen. Ich weiß noch: Ich habe dem Treiben mit mulmigen Gefühlen und bewundernd zugleich zugesehen. Es schien mir mutig, was die Kerle machten.

Es folgten das Frühlingserwachen und schließlich die schönen Sommertage mit bleibenden Eindrücken. Wieder setzten sich unvergessliche Bilder in der Kinderseele fest. So, wenn Vater uns mit aufs Feld nahm. Während er den Acker pflügte, streiften wir umher.

Die Ackerebene war und ist nicht langweilig. *«Mit Gebüsch umwachsene Bäche, Gräben und Weidenreihen, an den Straßen Obstbaumzeilen, in den Fluren eingestreut Waldstücke oder selbst der ausgedehnte Forst, Rohrwald*[2]

---

[2] Der Name verweist auf die Rodungszeit der Jahre 1226 ff., als Niederschlesien von zugezogenen deutschen Bauern urbar gemacht wurde.

genannt, ließ die Blicke nicht ermüden», sagte Werner Klose.

So war sie, die kleine Welt um Tempelfeld – *ein Paradies* für Störche und Fasane, Rebhühner und Wachteln, für Tauben, Sperlinge, Lerchen und Schwalben, für Amsel, Drossel, Fink und Star, für Hasen und Kaninchen, für Feldmäuse, Maulwürfe, für Bussarde und Habichte, für Käfer vielfältiger Art, für Hamster, Fuchs und Reh, für Frösche und Kröten, für Bienen, Wespen und Erdhummel, und *für die Menschen, die dort das Licht der Welt erblickten.*

Von der kriegsbedingten Belastung, den Sorgen und Ängsten unserer Eltern haben wir Kinder nichts bemerkt. Von Mutter wohl behütet und umsorgt, war es uns gar nicht aufgefallen, dass Vater nicht nur den eigenen Betrieb führen, sondern auch auf mehreren Höfen im Dorf – dort wo die Männer im Krieg waren – aushelfen, den Bäuerinnen oder den betagten Altbauern zur Seite stehen und sich bis zur Erschöpfung quälen musste.

Die Nazis hatten ihn vom Kriegsdienst freigestellt, damit die Landwirtschaftsbetriebe die Versorgung der Bevölkerung sichern konnten. Vater schuftete und litt unter dem psychischen Druck, den der nationalsozialistisch verbohrte, in seiner Funktion selbstherrliche Ortsbauernführer mit der Drohung, *«Wenn du nicht willst, gehst du an die Front!»*, ausübte. Und dann schuftete er weiter. Mutter schirmte uns vor aller Angst, Sorge und Qual ab. Die Eltern trugen alles für sich. Wir lebten arglos, fröhlich und frei, denn vorerst war Schlesien noch eine Oase der Ruhe in einem mörderischen Krieg.

Dass Hitlers Taten, der unsinnige, brutale Krieg kein gutes Ende bringen wird, war unseren Eltern wohl längst klar. Vater war pragmatisch genug, um entgegen der nationalsozialistischen Propaganda zu erkennen, dass das kleine Deutschland mit einem Krieg – ausgedehnt auf ganz Europa und Nordafrika – gegen so viele starke Mächte überfordert sein musste.

Mutter und Vater verdanken wir eine ungetrübte Zeit und die Erinnerung an unsere Heimat. Unsere ersten Kinderjahre waren gänzlich unbeschwert – wunderbar!

Mutter mit Wolfgang, Marianne und Karl-Heinz im Jahr 1944. Dieses Foto hatte der Vater im Krieg ständig bei sich und betrachtet

Karl-Heinz (3 Jahre alt)

Marianne (1943)

Wolfgang (1942)

Abschied ohne Wiederkehr

Als sich die Katastrophe für Deutschland schon abzeichnete, wurde von aufrechten, mutigen Männern am 20. Juli 1944 als letzte Chance für unser Vaterland das Attentat auf Hitler verübt, das bedauerlicherweise misslang. Der Wahnsinn überschlug sich. Zum totalen Krieg riefen die Nazis auf. Die Folge: Vater wurde am 2. August 1944 eingezogen. Das, was unsere Eltern ständig befürchtet hatten, trat ein. Aus dem Riss zwischen Hoffnung und Furcht, Freude und Beklemmung wurde ein tiefer Krater in ihren Seelen. Unermesslich war der Abschiedsschmerz – aber es half alles nichts. Vater musste gehen. Unsere «Braune», Vaters treues Reitpferd, wurde vor den Landauer Kutschwagen gespannt, um ihn in den Nachbarort nach Laugwitz zum Bahnhof zu bringen. Marianne und ich durften mitfahren. Karl-Heinz war im Kindergarten. So ging es los. Langsam – bedächtig schien mir – schritt das Pferd voran, so als spürte es die unvermeidliche, traurige Trennung. Und dann kamen wir am Bahnhof an. Vater und Mutter haben bitterlich geweint. Wir fühlten ihren Schmerz. Marianne klammerte sich an Vaters Beine und bat weinend: *«Papa, bleibe doch hier»!*

Aber es gab keinen Ausweg. Geschieden musste sein. Vater ging. Schweren Herzens bestieg er den Zug und blieb auf dem Podest vor der Eingangstür (die Tür des Wagens war an der Kopfseite) stehen. Mit tränenverschleiertem trüben Blick schaute er auf uns – und ein letztes Mal auf sein treues Pferd, dann auf sein Dorf, seine Felder (die Bahnlinie führte direkt daran vorbei) und seine Heimat, seine geliebte Heimat.

Es war ein Aufbruch ohne Wiederkehr. Vater sollte seinen Hof, sein vertrautes Vieh, sein geliebtes Dorf, sein Schlesien nie wieder sehen.

Nun stand Mutter mit ihren drei Kindern allein da. Mitten aus der Ernte musste er gehen. Und: Mutter erwartete ihr viertes Kind. Sie war in einer unlösbar scheinenden, erdrückenden Lage. Zu allem Elend erkrankte sie noch schwer und war für eine lange Zeit ans Bett gebunden. Dennoch wurde die Situation auf dem Hofe mit Hilfe unseres Großvaters Franz Baumgart, der Hilfe einer polnischen Magd, die Stani hieß, und bald schon mit einem französischen Soldaten (einem sogenannten Zwangsarbeiter) gemeistert. Gelegentlich griff auch der bereits 80-jährige Opa aus dem Auszughaus ein.

Im September 1944 bekam Mutter ihr viertes Kind. Es wurde auf den Namen Ehrengard getauft. Die Tauffeier verlief nicht mehr so fröhlich wie die Tauffeste der ersten drei Kinder; der Vater fehlte und großes Unheil drohte.

Die Katastrophe nahm ihren Lauf

Insgesamt war es still geworden im Dorf. Das Dorfleben hatte sich verändert. Öffentliche Veranstaltungen gab es schon lange nicht mehr. Die Anspannung war überall zu spüren. Obgleich die Menschen in Schlesien von der Konferenz von Teheran (28.11.1943) und von den Beratungen zwischen Churchill und Stalin im Oktober 1944[3] noch nichts ahnten, so spürten sie wohl die herannahende Gefahr – so auch unsere Mutter.

Die Gräueltaten, welche die bereits in Ostpreußen eingedrungenen Soldaten der Roten Armee verübten, drangen eventuell nur gerüchteweise durch und wurden von der deutschen Kriegspropaganda, die von den tüchtigen deutschen Soldaten und ihren Erfolgen erzählte, verschleiert und verniedlicht. Die Schlesische Feuerver-

[3] Bei den Treffen wurden die Verschiebung Polens nach Westen und die Vertreibung der Deutschen als dauerhaftes und befriedigendes Mittel zur Problemlösung in Erwägung gezogen.

sicherung hatte ihren Sitz wegen der möglichen Bombardierung der Stadt Breslau nach Tempelfeld verlegt.

Im Sommer 1944 quartierte sich eine Feuerwehreinheit im Ort ein. Es war ein Spezialtrupp, der zum Einsatz kommen sollte, wenn Bomben fielen, hieß es. Im Billardzimmer des Gasthofes Bräuer hatten sie ihre Schreibstube eingerichtet.

Bei uns wurden ebenfalls Soldaten untergebracht. Im Obergeschoss, im sogenannten Saal, einem großen langen Zimmer, hatten sie sich eingerichtet.

Ständig waren Militärfahrzeuge in Bewegung. All das verhieß nichts Gutes.

Die Angst um die Zukunft stieg von Tag zu Tag. Hinter der Scheune hatte Mutter mit Hilfe unserer Magd eine Grube ausgehoben und abgedeckt. Ähnlich wie Soldaten in einem Schützengraben wollte sie sich wohl dorthin zurückziehen, um getarnt und vor Kugeln geschützt zu sein. Trotz aller Anspannung: Mutter kümmerte sich wie eh und je um uns, ohne ihre tiefen Sorgen, ihre Verzweiflung zu zeigen.

Es weihnachtete. Mutter plante und organisierte in der betrüblichen Zeit ein frohes Fest und gestaltete den Heiligen Abend schöner denn je – so jedenfalls meine Erinnerung.

Wahrscheinlich mit den Gedanken bei unserem Vater in der Fremde schlug sie die Brücke zu unseren Soldaten im Obergeschoss. Ihnen, die gegenwärtig kein Zuhause hatten, ein kleines «Zuhause» zu geben, ihnen ein wenig Gemütlichkeit und Freude zu schenken, war ihr trotz aller eigenen Last ein Bedürfnis. Sie wurden zuerst beschert. Dann kam das Christkind zu uns. Mutters Cousin, Leonhard S. (15 Jahre alt) war da. Er hatte ihr geholfen, das Wohnzimmer herzurichten und den Baum zu schmücken.

In der Stunde der Bescherung betraten wir ein warmes Zimmer mit einem strahlenden Baum und schönsten Spielsachen. Mein Bruder und ich bekamen holzgeschnitzte Pferde, unsere Schwester Marianne wurde mit einem Puppenwagen und einem lieblichen Püppchen beschert. Unser drei Monate altes Schwesterchen in den Armen der Mutter war mit ihrem Däumchen im Mund zufrieden und schien sich wohl zu fühlen. Für Festtagsstimmung sorgte zudem unser Zwangsarbeiter, der französische Soldat, der trotz des Verbotes durch die Nationalsozialisten und im Vertrauen darauf, dass die Soldaten im Haus Stillschweigen bewahren, von unserer Mutter eingeladen war, um mit uns zu feiern. Obgleich er kaum Deutsch sprach, war er doch zu verstehen: «Stille Nacht, heilige Nacht» lautete seine Botschaft auf seiner Mundharmonika in der für unsere Mutter so betrüblichen Zeit.

Wo Vater war, wusste sie nicht. Dass es ihm gut geht, hoffte sie und dass er wieder kommt, ersehnte sie. Und was werden wird, erahnte sie in ihren finstersten Träumen nicht.

Flucht vor der Roten Armee

Januar 1945, jetzt erreichte der Krieg Schlesien in voller Härte. Die Rache für Hitlers Taten drohte.

Am 19. Januar überschritt die Rote Armee die schlesische Grenze. Der sogenannte Ostwall wurde kampflos überrollt. Am gleichen Tag beriefen die Nazis den Volkssturm (Jugendliche und alte Männer) ein. Obwohl das Waffenpotential längst nicht mehr reichte, sollten sie den Feind an der Oder aufhalten.

Südwestlich von Breslau hatte die 21. Sowjetarmee bereits Brückenköpfe an der Oder in Ohlau und Oppeln eingerichtet. Zu der Zeit fuhren bei 10 Grad Minus und 20 cm Schnee täglich Pferdewagen mit Planen abgedeckt von Brieg kommend Richtung Westen – Flüchtlinge aus östlich der Oder gelegenen Orten. Ihnen folgte Geschützdonner.

Die Frontlinie kam auch uns immer näher. Am 22. Januar wurde die Räumung der Stadt Brieg angeordnet und die Bahnmeisterei Brieg evakuiert. Noch in der Nacht zum 23. Januar schlugen erste Granaten in Brieg ein. Geschützdonner und Granateneinschläge verursachten Furcht und Schrecken. Wegen erstaunlich starken Widerstandes der Deutschen an der Oder bei Brieg konzentrierten sich die Russen auf nördlich gelegene Bereiche. Am 25. Januar hatte die russische Armee Linden (zwischen Brieg und Ohlau) besetzt. Russische Panzer drängten unaufhaltsam nicht nur Richtung Breslau, sondern auch Richtung Süden voran. Eines ihrer Ziele war Tempelfeld, weil hier Mitte Januar 1945 eine Kompanie der Waffen-SS Quartier bezogen hatte.

Am 28. Januar tauchten im Nachbarort Klein Jenkwitz erste russische Spähtrupps auf. Am Tag darauf wurden erste Nachbardörfer angegriffen. Das, was die Menschen in Ostpreußen schon vor Wochen durchzustehen hatten, geschah nun auch hier. Im Nachbarort Niehmen war die Hölle los. Der Zeitzeuge Alfred Bardosseck berichtete: *«Frauen und Mädchen flüchteten und versteckten sich vor den Soldaten, die immer wieder alles durchsuchten und mit aller Gewalt und Brutalität Frauen vergewaltigten. So ging es zwei bis drei Tage lang – es war die Hölle»!*

Immer heftiger dröhnten russische Geschütze aus nördlicher und östlicher Richtung. Granaten flogen zischend über uns hinweg. Von unserem Dorf aus versuchte die SS das Vorrücken der Roten Armee zu stoppen. Die Kämpfe tobten. Unser Dorf wurde beschossen. Erste Häuser und Scheunen brannten. Bald hatte die Rote Armee das Dorf von Osten, Norden und Westen eingekreist. Viele Dorfbewohner hatten sich schon auf die Flucht vorbereitet. Mutter hatte instinktiv wohl auch schon das Notwendigste zusammengetragen. Man wartete auf einen notwendigen Fluchtbefehl der Parteiführung. Handeln ohne deren Erlaubnis war unter Strafe verboten.

Als die Lage immer bedrohlicher wurde, ergriff unser energischer, zielstrebiger Großvater (bereits über 60 Jahre alt) am 29. Januar selbst die Initiative. Er entschied (aller Obrigkeit zum Trotz) für sich und uns, das Dorf zu verlassen. *«Wir bleiben keine Stunde mehr; sofort packen, wir müssen weg – es gibt nur noch einen Ausweg»,* rief er Mutter zu. Mutter und unsere treue polnische Magd Stani folgten. Kleider, Decken, Windeln für die Kleine, Lebensmittel, Futter für die Pferde und dergleichen wurden herbeigeschafft und eiligst auf den Wagen verstaut. Während unsere gute Magd zwei Pferde vor den beladenen Leiterwagen spannte, hatte das dritte Pferd den Landauer Kutschwagen zu ziehen. Für uns Kinder, darunter unsere noch nicht ganz 4 Monate alte Schwester, war dieser Wagen bestimmt. Mit Federbetten gegen die eisige Kälte wurde er ausgestopft. Dann ging es los, frühmorgens bei Dunkelheit brachen wir auf – hinaus in die kalte Nacht mit unbekanntem Ziel.

Ein abrupter, grausamer Abschied. Schmerzlich, herzzerreißend war die Lage für unsere Mutter, musste sie doch ihr trautes Heim und alles, was lieb ihr war, verlassen. Der Abschied von dem treuen Vieh (Hühner, Gänse, Puten, Schweine, Rinder und Kühe), mit dem sie in Gemeinschaft gelebt hatte, fiel ihr schwer. Es war erschütternd, wusste sie doch, dass die Kühe qualvoll sterben müssen, wenn sie nicht gemolken werden. Aber die Angst um uns Kinder und ums eigene Überleben war zu groß, um in Sorgen zu verharren.

Es war bitter kalt. 20 Grad minus zeigte das Thermometer an. Schnee bedeckte das Land. Und es wehte ein heftiger Wind. Nach Süden über Bärzdorf in Richtung Grottkau ging die «Reise». Direkt nach Westen gab es kein Durchkommen mehr. Dort waren bereits die russischen Kampftruppen. Stets dem Pferdefuhrwerk unseres Großvaters folgend, reihten wir uns auf der Landstraße in lange Flüchtlingstrecks ein: *«Fuhrwerke, Frauen mit Kinderwagen, Handkarren oder Schlitten bepackt mit den nötigsten Habseligkeiten, alte Männer, Frauen und Kinder, die Koffer und Rücksäcke schleppten, Mütter, die ihre Kinder hinter sich herzogen. Wohin wusste niemand. Und über den Flüchtlingstrecks kreisten inzwischen russische Flugzeuge. Ängstliche, schmerzverzerrte, fragende, verzweifelte, traurige, verzagte, hoffnungslose Blicke trafen sich. Das Ziel: Nur der Roten Armee entfliehen – weg von der Front. Wir irrten mit Pferd und Wagen auf den Landstraßen umher. Ein Tag hier, ein Tag dort. Von niemandem gern aufgenommen. Und immer wieder Fliegeralarm und Granateneinschläge. Der Kampf ums Überleben, die Sorge um die Kinder war riesengroß»,* hielt Mutter später schriftlich fest.

Aus tieffliegenden russischen «Rata»-Jagdflugzeugen wurde wahllos auf die Menschen geschossen. Nach russischer Lesart und Propaganda waren wir ja die Barbaren und Verbrecher, die auf sowjetischem Boden ihr Volk misshandelt und massenweise unschuldige Menschen vernichtet und geschändet hatten. Taten, für die es keine Gnade geben durfte. Hass und Rachsucht als Ergebnis der Hitlertyrannei, für die Qualen und Leiden, die Deutsche dem russischen Volk zugefügt hatten, trafen die fliehenden Menschen, die von all den Verbrechen im fernen Russland nichts, gar nichts wussten. Was eine Minderheit der deutschen Wehrmacht verbrochen hatte, stellte sich erst später heraus.

Weil die Rote Armee inzwischen durch Oberschlesien vorrückte und bereits in Neiße war, mussten wir nach Südwesten ausweichen. So eilten wir schließlich abseits der Hauptstraße von Ort zu Ort und fanden doch stets nur überfüllte Dörfer vor. Energisch suchte und fand Großvater immer wieder primitive Notunterkünfte in Schuppen und Ställen. Er erkämpfte sich allabendlich ein Obdach, um sich und uns unterzubringen und die Pferde zu versorgen.

Ein gravierendes Problem: die zermürbende Kälte, keine warme Mahlzeit, kein heißes Getränk. Das Schlimmste, schlimmer als die eigene Lebensgefahr, war Mutters Sorge um unsere jüngste Schwester, einen Säugling, der gestillt und trocken gelegt werden musste. Aber wo und wie? Ständig waren trockene und saubere Windeln nötig. An eine warme Mahlzeit für das Kleinkind war nicht zu denken. Zeit, um die weinende Kleine zu trösten, gab es nicht – nur überleben hieß die Devise.

Die gleichen Sorgen um uns. Mutter blieb in der trostlosen Zeit keine Zeit, sich der frierenden, weinenden und jammernden Kinder zu widmen, sie zu trösten. Für mütterliche Zuwendung und Wärme war kein Platz mehr. Zu schlimm war der Drang, gemeinsam der größten Gefahr zu entkommen. Wie sie das bewältigt hat, erfolgreich bewältigt hat, wusste sie selbst nicht. Unvorstellbar, diese Leistung!

Nach langer Irrfahrt im Gebiet nördlich von Ottmachau, Patschkau und Reichenstein erreichten wir schließlich den Pass Richtung Landeck. Dort mussten wir hinauf, um dem «Jagdgebiet» der russischen Jäger zu entkommen. Das wiederum warf ein neues Problem auf: Unsere Pferde waren nur Flachland gewohnt. Steile Berge irritierten sie. Die Wagen hatten keine Bremsen. Das Risiko, dass die Pferde scheuen und durchgehen könnten, wenn die Wagen wieder mal bergab drängten und von den Pferden ungewohnt gehalten werden mussten, war riesengroß. In ihrer Angst und Sorge ließ Mutter uns aussteigen. Mit der zweieinhalbjährigen Schwester in der Mitte zogen mein Bruder und ich dann neben den Fuhrwerken her, während Mutter auf einem Arm – in Decken gehüllt – den Säugling hielt und mit der anderen das Pferd zügelte. Und wenn es zu steil abwärts ging, hieß es bremsen. Manchmal war es hilfreich, Knüppel in die Speichen der Räder zu stecken, um die Wagen zu halten. Wie sie das auch noch geschafft hat, weiß ich nicht. Dort aber, wo die Fahrbahn eis- oder schneebedeckt war, half das nicht, dann wurden die Wagen zu Schlitten. Also mussten sie durch den Tiefschnee an den Straßenrändern gelenkt werden, mit der Sorge, dass sie in einen Graben abrutschen konnten. Schließlich ging das gut aus.

Die Flucht (Aquarellzeichnung von Lilo Gwosdz)[4]

Dann endlich war die lange und gefährliche Passstrecke bewältigt. Weiter ging es mehr oder weniger leicht bergauf/bergab durch Landeck, Habelschwerdt nach Weissbrodt, einem kleinen Ort südlich von Habelschwerdt. Hier kamen wir unter, hier konnten wir ein einigermaßen sicheres, dürftiges Quartier beziehen und bis zum Kriegsende bleiben. Wo die Pferde untergebracht waren und wie sie versorgt wurden, ist mir nicht bekannt.

---

[4] Lilo Gwosdz, Breslau – Schmerzliches und Herzliches, Dülmen 2012, S. 174.

Weil sich die Rote Armee nach der Zerstörung der Stadt Neiße Richtung Berlin wandte, hatten wir vorerst Ruhe vor ihnen. Aber wehe denen, die andere Wege gefahren waren und russischen Trupps in die Quere kamen. Ihnen drohten Mord, Totschlag, Vergewaltigung!

Während viele bei Fliegerangriffen verbluteten, an Entkräftung oder infolge der Kälte umkamen, Kleinkinder in ihren nassen Windeln erfroren, hat Mutter unsere kleine Schwester und uns durchgebracht. Mutter hatte es geschafft, sie hat die erdrückende Lage bis hierher bewältigt. Der kraftvoll beherrschte Schmerz um all das, was sie aufgeben musste und die Zukunftsangst, hat sie gewiss bitter und qualvoll durchdrungen. Das Leben ihrer Kinder war ihr aber stets um vieles wichtiger als die eigene existenzielle Bedrohung. Die Sorge um ihre Kinder gab ihr die Kraft, tapfer durchzustehen. Durch ihre schützende Nähe haben wir in eisiger Zeit überlebt. Letzte Zukunftshoffnung mag ihr auf dem Weg der Verzweiflung Mut gemacht haben, aber zu leisten war dergleichen wohl nur, weil sie stets nur den Augenblick zu bewältigen getrachtet hat; denn mit dem Blick aufs Ganze hätte jeder Mensch sicher verzweifelt resigniert.

Die Tage bis zum Kriegsende in der Fremde waren ärmlich, erbärmlich. Dann endlich war es so weit – am 8. Mai 1945 war der Krieg zu Ende, die Kampfhandlungen waren eingestellt. Frieden?

Aufbruch nach Hause. Doch nach allem durchgestandenen Leid sollte sich die Hölle öffnen.

Auf nach Hause – in ein anderes Chaos

Das Nationalsozialistische Regime war zerschlagen und Deutschland lag in Trümmern. Unter der Leitung von Großvater Franz Baumgart wurde die Heimreise angetreten. Sie verlief anscheinend problemlos, obwohl doch überall russisches Militär auftauchte und sich in Habelschwerdt unzählige Flüchtlinge tummelten. Von Habelschwerdt ging es über Glatz, Wartha, Strehlen, Wansen und Günthersdorf zurück nach Tempelfeld. Ich erinnere mich nicht, dass wir auf dem weiten Weg größere Hindernisse zu bewältigen hatten. Ich weiß auch nicht, wo wir auf dem weiten Weg Nachtquartier bezogen haben. Vielleicht hat sich die Freude der Mutter auf Zuhause auf uns übertragen und uns abgelenkt von allem erschütternden Geschehen.

Schon die Gegend um Wansen war unseren treuen Pferden bekannt. Sie witterten ihr gewohntes Zuhause und drängten vorwärts. Ob sie sich nach ihrem Freund, unseren Vater sehnten? Am liebsten wären sie galoppiert – der Heimat entgegen. Ihre altgewohnte Heimat sollten sie aber nie wieder erleben. Bei der Ankunft zu Hause wurden die loyalen, geduldigen, folgsamen, tüchtigen «Freunde und Helfer» sofort von auftauchenden Russen beschlagnahmt – ein weiterer Stich in Mutters Herz, wusste sie doch, wie Vater sie liebte. Die armen, anhänglichen, braven Tiere, wie wurde ihre Freude auf Zuhause zerschlagen. Ihr weiterer Lebensweg liegt im Dunkel der Geschichte.

Alles war anders geworden. Es sah schlimm aus in Tempelfeld; vieles war zerschossen, verbrannt, verwüstet oder ausgeplündert.

Unser Hof war – anders als andere Objekte – noch nicht besetzt. Doch fanden wir nichts als Zerstörung, Unordnung, Elend, Kummer und Not vor. Die Wohnung, der Hof und die Stallungen glichen einem Schlachtfeld. Die Scheune war infolge eines Granattreffers abgebrannt. Das Auszughaus hatten russische Soldaten in betrunkenem Zustand angesteckt. Tempelfelder, die zu Hause geblieben waren, erzählten später, dass sich russische Soldaten sinnlos betrunken und in diesem Zustand dann Feuer gelegt hatten. Einige Fensterscheiben unseres Wohnhauses waren eingeschlagen; im Garten vor dem Schlafzimmer lag eine tote Kuh und ansonsten Verheerung, wohin man sah.

Die Ställe waren natürlich leer. Wie später bekannt wurde, hatten die Russen das Vieh zu riesigen Herden zusammengeführt und nach Osten getrieben – sinnlos, denn die Kühe erkrankten schnell, wenn sie nicht gemolken wurden und verendeten auf dem weiten Weg. Unsere Kühe waren wohl auch dabei. Dass kein Schwein, kein Huhn, keine Pute, keine Ente und keine Gans überlebt hatten, ist nur allzu zwangsläufig. Selbst die Tauben waren weg und die Spatzen weniger geworden.

Ob die Mutter noch Konserven aus dem Jahre 1944 gefunden hatte, ist sehr unwahrscheinlich. Von den Erntevorräten, die 1944 eingefahren worden waren, war nichts mehr zu finden. Haus und Hof waren geplündert – wahrscheinlich auch von Deutschen, die auf ihrer Flucht ins Dorf gekommen und im Dorf geblieben waren! Unsere Spielsachen, die uns das Christkind am Weihnachtsfest 1944 gebracht hatte, fanden wir zum Teil später in anderen Häusern wieder.

Bei Großvater Franz Baumgart sah es ähnlich aus.

Das Anwesen der Familie Kay nach dem Krieg
(Fotos aus den 60er Jahren)

Ruinen Auszughaus und Scheunen

Die Schuppen und Stallungen zwischen Auszughaus und Scheune wurden abgerissen, weil man die Dachbalken zum Heizen brauchte

Das ehemalige Auszughaus – Blick über den Teich auf die andere Seite

Grauen und Ratlosigkeit machten sich breit. Aber Mutter verharrte nicht in der Rolle der Betroffenen; Gedanken ans Überleben, die Zukunft und die Sorge um uns Kinder trieben sie an. Sie packte an und räumte auf. Jedenfalls hatte sie erstmals wieder ein Dach, ihr eigenes Dach, über dem Kopf, eine Küche, einen Herd und Betten für uns Kinder. Die Hoffnung, dass Vater wohl bald wiederkommen werde, mag sie gestärkt haben.

Die wichtigste moralische Stütze war ihr gegenwärtig wieder Opa Baumgart, ihr Vater.

Natürlich ist ihr nicht entgangen in welcher Gefahr wir waren; denn nicht weit von zu Hause ging es bestialisch zu. Das hatte seine Vorgeschichte. Polen hatte unter der nationalsozialistischen Besatzungs- und Germanisierungspolitik schwer gelitten. Wie schlimm es gewesen sein muss, hatte Generalmajor Hellmuth Stieff (der als Widerstandkämpfer des 20. Juli 1944 am 8.8.1944 in Plötzensee, Berlin, hingerichtet worden ist) in einem Brief an seine Frau festgehalten: Er schrieb: *«Eine Minderheit der deutschen Wehrmacht ist mordend, plündernd und sengend in Polen eingefallen und hat den deutschen Namen besudelt.»* Dann merkte er an: *«Ich schäme mich ein Deutscher zu sein.»*[5]

---

[5] Vgl. Will Berthold, Die 42 Attentate auf Adolf Hitler, Wiesebaden 2007.

Es folgte die Vergeltung. Gleich nach Kriegsende hatte die provisorische polnische Regierung die Gebiete bis zur Oder/Neiße-Linie mit Stalins Einverständnis, aber noch ohne formelle Zustimmung der Westmächte unter ihre Verwaltung gestellt. Durch die Dekrete der Warschauer Regierung und Anordnungen lokaler «Behörden» wurden die Deutschen vollkommen entrechtet. Das nutzten einige Polen herzlos aus. Die zuerst eingedrungenen Polen (nicht selten solche, die als Partisanen gekämpft hatten) wurden von blinder Wut angetrieben, blind für Recht und Unrecht. Unsere Schuld bestand darin, Deutsche zu sein.

Im Ostteil des Dorfes, in der Nähe des Gasthofes Bräuer, spielten sich wohl schlimme Szenen ab. *«Wir waren in großer Unruhe und konnten nicht schlafen. Wir haben bloß gesessen und reihum den Rosenkranz gebetet und auf schlimmere Dinge gewartet. Draußen hörten wir aus unseren Nachbarhäusern die Leute um Hilfe schreien. Die Russen plünderten offenbar das Dorf und wehe der Frau, die ihnen dabei in die Hände fiel. Sie durchsuchten die Häuser nicht etwa nur nach Wasser und Futter für sich und ihre Pferde, sondern neben ‹urre›[6] auch: ‹Wo junge Frauen?› Die Frage lag sowieso dauernd unausgesprochen im Raum. Die Angst vor Misshandlung und Vergewaltigung saß bei den deutschen Frauen tief»*, schrieb die Zeitzeugin M. Bräuer.[7] *«Dreist und gewalttä-*

6 Gemeint waren Armbanduhren, auf diese wundersamen Gegenstände waren sie wie besessen.

7 Vgl. Margarete Maria Hedwig Bräuer, Mein Tempelfeld, Freudenberg 1985.

tig, konnten sie sich nehmen, was sie wollten. Durch das Schicksal bedingt waren sie auf der Seite der Kriegsgewinner. Schutz- und rechtlos waren wir ihnen und den Russen ausgeliefert. Mit ungebremster Wut fielen sie über uns her und lebten ihre Rachegelüste aus. Ihr Ziel: Das Volk der Verbrecher zu bestrafen», ist der Niederschrift der Frau Bräuer zu entnehmen. Einige hatten jedenfalls fürchterlich gewütet. Man bediente sich zunächst planlos und ungeniert, plünderte, requirierte und rechnete ab. Viele wollten zuerst nichts anderes als einen schnellen Gewinn machen: *«Möbel, Haushalt und alles, was sich sonst noch auf dem nach sechs Jahren Armut und Zerstörung unersättlichen Markt in Altpolen verkaufen ließ»,* wurde genommen, schreibt Wlodzimierz Borodziej, ein Pole aus Oberschlesien, der ein Leben lang mit und unter Deutschen gelebt hat.[8] *«Zurückflutende russische Truppen, polnische und auch tschechische Diebesbanden, die durch unser Dorf zogen, drangen beliebig in die Häuser ein – bei Tag und bei Nacht. Zugang in jedes Haus, jeden Stall, jede Scheune, jede Küche, jedes Schlafzimmer hatten die plündernden Horden sowieso, oder sie nahmen sich was sie wollten mit Waffengewalt»,* ist bei Frau Bräuer zu lesen. *«Es waren Banditen und Räuber, die auch vor ihren eigenen Landsleuten, die in Oberschlesien ihre Heimat hatten und über Generationen zusam-*

---

[8] Vgl. Wlodzimierz Borodziej in: Als die Deutschen weg waren, Hamburg 2007.

men mit Deutschen in Deutschland gelebt hatten, nicht Halt machten», schreibt Wlodzimierz Borodziej weiter.

Es ging zu, wie es der russische Chronist und Schriftsteller Lew Kopelew, der 1945 als Offizier am Einmarsch der Sowjets in Ostpreußen beteiligt war und später wegen Mitleids mit dem Feind nach Sibirien verbannt wurde, geschrieben hat:

«In den Zeitungen, im Radio riefen wir auf zur heiligen Rache. Aber was für Rächer waren das, und an wem haben sie sich gerächt? Warum entpuppten sich so viele unserer Soldaten als gemeine Banditen, die rudelweise Frauen und Mädchen vergewaltigten – am Straßenrand im Schnee, in Hauseingängen; die Unbewaffnete totschlugen, alles, was sie nicht mitschleppen konnten kaputtmachten, verhunzten, verbrannten? (...) sinnlos – aus purer Zerstörungswut (...). Wie ist das alles möglich geworden?

Lew Kopelew[9]

Man darf aber nicht übersehen, dass es auch Polen gab, die sich schützend vor deutsche Frauen stellten, wenn sie von Russen bedrängt wurden (sowie sich anderenorts russische Offiziere schützend vor deutsche Flüchtlinge stellten, um sie vor Übergriffen durch russische Soldaten, Polen und Tschechen zu bewahren).

---

[9] Vgl. Andreas Kossert, Kalte Heimat, München 2008.

Leider hatte sich durch den Krieg so viel Hass aufgestaut, dass in den ersten Jahren alles, was auf Deutschtum hindeutete, vernichtet wurde. Dokumente, historische Urkunden der Templer und Malteser aus der Bibliothek im Schloss Klein Öls (3 Kilometer entfernt von Tempelfeld) wurden beseitigt. Im Unterbewusstsein mag verstärkend auch die Deutschenfeindschaft der Polen eine Rolle gespielt haben, von der Marcel Reich-Ranicki in seinem Buch «Mein Leben» spricht und die nach seiner Kenntnis eine alte, mindestens bis zu den Ordensrittern reichende Tradition hat.

Dieses fürchterliche Geschehen im Dorf ist natürlich an Mutter nicht vorbeigegangen. Größte Aufmerksamkeit und alle Mühe waren nötig, um uns und sich selber zu schützen. Trotz großer Angst musste sie für unseren (dürftigen) Lebensunterhalt sorgen. Der Hunger und die um Hilfe bettelnden Augen der Kinder quälten sie. Ein tragischer Existenzkampf begann. Unsere Mutter hat wenige Sätze aus dieser Zeit schriftlich festgehalten. Sie schrieb: *«... das furchtbare Elend, nichts zu essen, nur was wir nachts auf unseren Feldern und Rapsschobern ‹gestohlen› haben.»* Ihre Sorge war groß. Gut, dass Großvater Baumgart in der Nähe war. Bei ihren Eltern (Großvater Franz und Großmutter Maria Baumgart; die Großeltern väterlicherseits waren nicht zurückgekehrt) fand unsere Mutter tatsächliche und moralische Unterstützung in dieser deprimierenden Zeit.

Opa Baumgart besorgte vieles. Gleich schon bestellte Mutter notdürftig ihren Gemüsegarten mit vorgefundenem oder organisiertem Saatgut. Vorsorge war nötig, denn dem Sommer folgen Herbst und Winter. Ihr zur Seite stand eine betagte Dorfbewohnerin, Frau Glatzel.[10] Während die alte Frau (sie wurde liebevoll Glatzelmutter genannt) das Haus hütete, ging Mutter nachts zu unserem Rapsschober hinter der abgebrannten Scheune und holte sich heimlich Raps, um Öl zu machen. Nach Lesart der Besatzer: Diebstahl (an unserem Eigentum)!

Ich war oft mitgegangen und sollte Wache schieben, denn die polnische Miliz hatte es den Deutschen strikt verboten, dort zu ernten.

Ich erinnere mich. Ich saß am Feldrain und passte auf. Dabei strahlte mich der große Mond an und zog mein Interesse auf sich. Und da sah ich ihn, den Mann im Mond. Auch wenn ich als Wächter versagt und mich vom Mond habe ablenken lassen: Es ist nichts passiert in dieser Nacht.

Aber wehe, wenn wir ertappt wurden. Einmal sind wir trotz größter Vorsicht bei der nächtlichen «Ernte» gestellt worden. Mutter musste am nächsten Tag zur Miliz und fand einen «gnädigen Richter». Als Mutter ihm die Not und Sorge um uns vier Kinder darlegte, beschränkte er sich auf ein erneutes Verbot und sagte: *«Wenn nichts zu essen, dann kommen!»* Man traf auch auf Mitleid.

---

[10] Wo unsere polnische Magd geblieben war, ist nicht bekannt. Weil es den Polen verboten war, weiter bei Deutschen zu arbeiten, hat sie sich wohl ein neues Zuhause suchen müssen. Welchen Schicksalsweg sie einschlagen musste und was sie durchgemacht haben könnte, bleibt für uns im Dunkeln.

Die Tempelfelder rauften sich zusammen und halfen einander, so gut es ging.[11]

[11] Nachbarschaftshilfe: Bei uns Jungen war ein Haarschnitt fällig. Die alte Frau Sambale hatte eine Haarschneidemaschine. Mutter heuerte sie an. Die gute Frau nahm sich zuerst Karl-Heinz vor. Sie schnitt ihm die Haare: im Nacken beginnend über den ganzen Kopf bis kurz vor die Stirn ab. Vorn ließ sie ein Büschelchen stehen (Pischel nannten wir es, abgeleitet von kleiner Busch). Als das Werk fast vollbracht und Karl-Heinz bis auf das Pischel glatzköpfig war, erschrak ich mich so sehr, dass ich davon lief. Meine Haare blieben. Die von Karl-Heinz sind nachgewachsen.

Russische Soldaten – eine ständige Bedrohung

Die unkontrolliert herumstreunenden Russen waren uns, in erster Linie unserer jungen Mutter, eine ständige Bedrohung. Sie verbreiteten auch bei uns Angst und Schrecken. Mit diesen plündernden, brandschatzenden und vergewaltigenden Banditen war ständig zu rechnen. Wir hatten glücklicherweise stabile Haustüren. Diese wurden zusätzlich mit Balken gesichert, so dass es nicht so leicht war einzudringen.

Ich weiß es noch genau: Wenn russische Soldaten erschienen, mussten wir Kinder uns verstecken. Das Haus sollte den Eindruck erwecken, als sei niemand da. Ich habe noch klar vor Augen, als plötzlich ein Russe in unserem Garten erschien und auf die Küchentür[12]

[12] Von der Küche aus konnten wir direkt in den Garten gelangen, eine praktische Sache, so hatte Mutter früher nur kurze Wege zum frischen Gemüse, Salat, Kräutern.

zuschritt. Ich legte mich schnell lang auf die Bank am Küchentisch, direkt unter der Fensterbank. Karl-Heinz und Marianne hatten (wie die «Sieben Geißlein») andere Verstecke gefunden. Dann schaute der Unhold durch das Fenster und entdeckte mich. Die Not war groß. Ich sollte öffnen, zuckte aber immer nur mit den Achseln. Schließlich rüttelte der Russe an der Tür, bekam sie nicht auf und verschwand wieder.

Obgleich die Türen gut zu sichern waren, musste Mutter oft das Haus verlassen und woanders die Nacht verbringen, während die alte Mutter Glatzel bei uns Kindern blieb, erzählte sie später unserem Vater. Von maßloser Angst vor den Russen, Nacht für Nacht, sprach sie.

Wir Kinder merkten, dass alles anders war, aber was genau und warum, das wussten wir nicht.

Frau Gloger (vom Hof auf der gegenüberliegenden großen Seite) und unsere Mutter hatten enge Verbindung aufgenommen und sich gegenseitig Mut gemacht; eine half der anderen – auch in solchen Situationen. Je nach Gefahrenlage tauchte Mutter bei ihr unter oder Frau Gloger kam zu uns. Meist schliefen sie dann auf dem Heuboden.

Aber die Frauen konnten sich nicht dauernd verstecken; die Türen konnten nicht immer geschlossen sein. Wir vier Kinder suchten Bewegung und mussten versorgt werden. So wurden wir gelegentlich auch überrascht; dennoch konnte sich Mutter drohender Gewalt stets entziehen. Ein Schutz waren wir Kinder – manchmal. Wir stellten uns dann vor, neben und hinter sie, klammerten uns an ihr fest, schauten ängstlich oder schrien. Kinder schreckten die meisten Bestien ab – wahrscheinlich, weil sie selbst Kinder hatten. Einmal musste Mutter ihr taktisches Geschick ausspielen. Als ein brutaler Strolch unverhofft in der Küche stand und Mutter bedrängte, sagte sie ihm trotz größter Angst und Sorge lächelnd: Komm rein, Offizier schon da. Es hatte sich rumgesprochen, dass die Grobiane vor ihren Offizieren Angst hatten. Die meisten Offiziere waren aufgrund ihrer Bildung menschlicher (bis auf den, der Monate zuvor auf der Suche nach jungen Frauen unseren Pfarrer erschossen hat). Das wusste unsere Mutter. Und der Erfolg blieb nicht aus. Der Bursche suchte das Weite.

Bis Mitte des Jahres herrschte große Angst unter den Frauen. Dann wurden die russischen Soldaten abgezogen. Während Mutter sorgenvoll schuftete, gingen Karl-Heinz und ich auf Entdeckungsreise. Wir streiften zusammen mit Roman Gloger durch Dorf und Feld, begutachteten einen abgestürzten Flieger, ekelten uns vor Tierkadavern und bestaunten Bombentrichter. Rückblickend darf man feststellen, dass wir Glück hatten und keinen Blindgänger fanden; denn viele Kinder sind andernorts durch das Hantieren an solchen Fundsachen getötet oder schwer verletzt worden.

Polen kamen und besetzten das Dorf

Die politischen Weichen waren gestellt. Ab Frühjahr 1945 mussten Polen aus ihren ehemaligen Ostgebieten in teils wochenlangen Bahntransporten nach Westen, in unser Land, ziehen. Aus dem Lemberger Gebiet (heute Ukraine) kamen sie zu uns. Was sie selbst zuvor erlebt haben, beschreibt Hans-Dieter Rutsch.[13] Ukrainische Banditen haben massenweise Polen umgebracht. Sie haben sie in Scheunen eingesperrt und lebend verbrannt. Die anderen mussten weg und zogen davon. Mit dem, was sie tragen konnten, wurden sie davon gejagt und dafür auf deutschem Boden an unserem Hab und Gut entschädigt. Unter Lebensgefahr und um die eigene Familie zu retten, hatten sie Haus, Hof und Besitzstände verlassen müssen. So kamen sie in Schlesien an. Auf den

[13] Vgl. Hans-Dieter Rutsch in: Als die Deutschen weg waren, Hamburg 2007.

Bahnhöfen erschienen Vertreter der polnischen Behörden zur Zählung der «neuen Schlesier». Dann machten sich die Ausgesetzten auf die Suche nach Häusern. Verstörte, verunsicherte, ratlose Menschen kamen in das einst übermächtige Deutschland, zu Deutschen, denen (nach dem Nazi-Terror in Polen) ein schrecklicher Ruf vorauseilte. Als Vertriebene kamen sie nun in das Land, von dem ein bitterer, barbarischer Krieg, Brutalität und Vernichtung ausgegangen waren. Sie wussten nicht, was sie erwartete. Zukunftsängste belasteten sie gleichermaßen, wie die entrechteten Deutschen. Ihre Unsicherheit, Furcht, Verbitterung und Enttäuschung wurzelten gewiss tief. So war es zwangsläufig, dass sie sich lange Zeit durch Aggression abschirmten. Mit der Macht der Miliz im Rücken kompensierten sie ihre Frustration durch Zwangsgewalt.

«Im September 1945 besetzten Polen unsere Landwirtschaft. Ich hatte Glück, es waren Galizier (selbst vertrieben). Sie überließen uns das Schlafzimmer», hat Mutter schriftlich festgehalten. Ihre Hoffnung auf bessere Zeiten wurde aber immer tiefer getrübt. Die Ungewissheit nahm zu. Wir waren nur noch geduldet. So quälte sie die Frage: *«was aus uns werden soll, wenn sich Polen hier breit machen und das Kommando führen.»* Fortan hatte Mutter auf ihrem eigenen Hof nichts mehr zu melden. Dass sie inzwischen viel zu leiden hatte, war uns nicht entgangen. Neu aber war, dass sie – die einst selbstständige, selbstbewusste Bäuerin – nun plötzlich herumkommandiert und herumgeschubst wur-

de, zu gehorchen hatte und jedes Mal aufgeschreckt gehorchte. Sie musste sich anpassen und sich bemühen, Fehler zu vermeiden und fremde Erwartungen zu erfüllen. Furcht, Entbehrung und Verzweiflung bestimmten nun verstärkt ihren Alltag. Nur ein Funke Hoffnung auf wieder bessere Zeiten stärkte den Lebensmut. In dieser Bedrängnis tat unsere Mutter das Richtige – sie arrangierte sich mit den Fremden, half ihnen wo sie konnte, *«so dass wir Vertrauen zueinander bekamen. Sie hatten eine Kuh und gaben mir täglich einen Liter Milch. So war das Leben des Kleinkindes und meiner Mutter gerettet»*, hatte Mutter weiter notiert. Mein Bruder und ich mussten gelegentlich den Hof fegen. Dafür bekamen wir (wie oben schon angesprochen) meist ein Mittagessen – Piroggen (Quark in einen Teigmantel gehüllt und in Milch gekocht). Eine unvergessene Köstlichkeit – in der damaligen vom Hunger dominierten Zeit.

Es war ein großes Glück, unseren Großvater Franz Baumgart in unserer Nähe zu haben. Er nahm Mutter manche Last von der Seele in all der Ungewissheit, die sie umgab. Er hat für uns getan, was er konnte. Allein die moralische Stütze war Gold wert. Um uns ernähren zu können, war Schwarzhandel an der Tagesordnung (davon berichtete auch Frau Bräuer). Letzte Wertgegenstände wurden gegen Lebensmittel eingetauscht. Aber Mutter konnte wegen ihrer Kleinkinder nicht handeln oder hamstern gehen. Das machte Großvater Franz Baumgart im Rahmen seiner Möglichkeiten.

Ein trauriges Weihnachtsfest

Weihnachten 1945 ist mir in steter Erinnerung geblieben. Ganz anders als noch ein Jahr zuvor war der Hl. Abend traurig und trüb. Wir hatten einen Weihnachtsbaum, ohne Kerzen. Doch das Christkind hatte uns trotz aller Not etwas gebracht. Karl-Heinz und ich hatten jeder ein Holzauto bekommen. Wie Mutter das organisiert hat, weiß niemand. Damit fuhren wir in unserer finsteren Stube umher. Jeder hatte eine Kerze auf der «Motorhaube», das einzige Licht im Zimmer. Marianne hatte eine Puppe erhalten (wahrscheinlich ein Überbleibsel aus der Vorkriegszeit) und spielte damit. Mutter saß mit unserer jüngsten Schwester auf dem Schoß betrübt in einer dunklen Ecke und hing ihren Gedanken nach. Das Gefühl der Ohnmacht, Hunger, Angst und Kälte als ungebetene Gäste waren dabei. Dazu die bange Frage, ob Vater noch lebt und was werden wird, lastete wie ein Stein auf ihrer Seele. Vielleicht empfand sie ein bisschen Freude darüber, dass wir Kinder trotz allem glücklich waren.

Im Januar 1946 gab es wieder Elektrizität. Eine Polenfamilie hatte einen Kolonialladen eröffnet. Inzwischen funktionierte auch das Postwesen wieder, ist bei Magnus Poplutz zu lesen.[14]

Das kirchliche Leben wurde von den Polen nicht behindert. Wenn die Glocke läutete, strebten die Menschen zur Kirche. Not lehrt beten. Und Grund, inständig zu beten, hatten alle – sowohl die aus ihrer Heimat verjagten Polen als auch die unter der Besatzung leidenden oder um ihre gefallenen Angehörigen trauernden Deutschen. Ein polnischer Priester war nun auch in Tempelfeld und feierte mit seinen Landsleuten die Hl. Messe. Im Wechsel mit dem deutschen Pfarrer Seidel (ein Sohn des Gutsbesitzers Reinhold Seidel) feierten die Seelsorger Gottesdienste.[15]

Und doch war die einst so heile Welt «auf den Kopf gestellt». Die erlebte Abscheulichkeit und Grausamkeit

---

[14] Magnus Poplutz, persönliches Gespräch am 22.9.2008 und unveröffentlichte Niederschrift „Von Schlesien in den Westen".

[15] Intuitiv hatten sich bei uns Kindern wohl auch Vorbehalte gegenüber den polnischen Leuten breit gemacht. Eine gewisse Abneigung zur neuen polnischen Herrschaft war schon da. Das äußerte sich konkret eines Morgens in der Kirche. Karl-Heinz und ich wurden täglich zur Frühmesse geschickt. Pflichtgemäß gingen wir nach vorn in die Kinderbänke. Als dann das Glöckchen läutete und nicht Pfarrer Seidel, sondern der polnische Pfarrer erschien, sind wir aufgesprungen und wollten davon rennen. Doch es kam anders. Wir hatten das Kirchenschiff zur Hälfte passiert, da kam eine Hand aus einer Bank und fing uns wieder ein. Es war Marta Kay (Vaters Schwester), die uns in die Pflicht nahm und dafür sorgte, dass wir die Hl. Messe mitfeierten.

beschrieb Mutter als Joch. *«Schlimmer als manche Entbehrung war die Rechtlosigkeit, das Ausgeliefertsein an Sieger, denen der besiegte Mensch weniger wert war als die Armbanduhr, die er trug»,* schreibt A. Kossert.[16] So empfand es auch Mutter. Mit jedem Lidschlag vom Willen anderer abhängig zu sein, war ein Joch. Und wir Kinder mussten zusehen.

Das konnte auch das inzwischen menschliche und vertraute Verhältnis zu Frau Bigos nicht ausgleichen. Die Armut und die allgemeinen Differenzen zu den anderen polnischen Dorfbewohnern blieben zu bedrückend.

Von unserem Vater hatte Mutter schon lange keine Nachricht erhalten. Die unterschwellige Angst, dass ihm etwas zugestoßen sein konnte, raubte ihr den Schlaf, bis endlich im Juni 1946 (kurz vor unserer Vertreibung) ein Brief von ihm einging, in dem er ihr mitteilte, wo er sich aufhielt. Die Post fand wieder ihre Ziele – erstaunlich!!!

Die Freude war groß. Neue Hoffnung kam auf – doch bald schon sollte ein weiterer, wahrscheinlich der schwerste Schicksalsschlag folgen.

---

[16] Vgl. Andreas Kossert, a.a.O.

Was Mutter nicht wissen konnte

Schon während der Konferenzen in Teheran (Beginn 28.11.1943) hatten Roosevelt, Stalin und Churchill über die künftige Gestalt Polens beraten. Stalin verfolgte strickt ein Ziel, nämlich eine Erweiterung seines Territoriums nach Westen, jedoch nicht mehr (wie im Hitler-Stalin-Pakt vereinbart) zu Lasten Polens, sondern zu Lasten Deutschlands. Als Deutschland fast besiegt war, wurde später auf der Gipfelkonferenz von Jalta vereinbart, *«dass mit der Festlegung von Polens Ostgrenze Polen im Norden und Westen beträchtlichen territorialen Zuwachs erhalten soll, der auf einer Friedenskonferenz mit der neuen polnischen Regierung vereinbart wird.»*

Am 17. Juli 1945 kamen Winston Churchill, US-Präsident Harry S. Truman (Nachfolger des verstorbenen Präsidenten Roosevelt) und Stalin erneut zur sog. Potsdamer Konferenz zusammen, um über die Zukunft Deutschlands zu sprechen. Hier zeigte sich schon gleich, dass Stalin konsequent die Ost-West-Verschiebung Polens verfolgte, um so den kommunistischen Machtbereich weit nach Mitteleuropa auszudehnen. Das stieß zunächst auf erbitterten Widerstand des US-Präsidenten. Auch der britische Premierminister hatte Vorbehalte. Es kam zunächst zu keiner Einigung.

Stalin jedoch verstand es, die Verhandlungen hinauszuzögern. Er log, täuschte, schmeichelte und wandte jede List an, um zum Ziel zu kommen. Angeblich waren bereits alle Deutschen mit der Wehrmacht Richtung Westen gezogen; dann behauptete er, es gäbe keine Deutschen mehr östlich der Oder-Neiße-Linie. In Wirklichkeit hatte Stalin schon vor und während der Potsdamer Konferenz die östlichen Landesteile Polens über die Curzon-Linie[17] hinaus (also auch das Gebiet um die Stadt Lemberg) annektiert und die deutschen Gebiete östlich der Oder und Neiße dem polnischen Staat als Territorium zugedacht. Die meisten Polen hatten ihre dortige Heimat zu verlassen und Richtung Westen, also auch nach Schlesien, zu ziehen. Von Umsiedlung sprach man.

Am 26. Juli 1945 fanden in Großbritannien Wahlen zum Unterhaus statt. Die Partei Winston Churchills erlitt eine erdrutschartige Niederlage. Churchill kehr-

---

[17] Benannt nach dem britischen Außenminister George Curzon (1859–1925), der 1919 im sowjetisch-polnischen Konflikt vorgeschlagen hatte, die Ostgrenze Polens zwischen den beiden Staaten entlang der Bahnstrecke Dünaburg–Brest und des Flusses Bug bis Lemberg als Demarkationslinie (Grodno–Brest) festzulegen.

te nicht mehr an den Verhandlungsort zurück. Für ihn verhandelte der neue Premierminister Clement Attlee. Nunmehr hatte Stalin leichtes Spiel. Um seine Pläne zu vereiteln, hätten die Westmächte hart bleiben müssen unter der Gefahr, gänzlich mit dem östlichen Verbündeten zu brechen. Dazu war man nicht bereit. Man trennte sich mit dem Ergebnis, dass die Gebiete östlich der Oder und Lausitzer Neiße bis zur endgültigen Festlegung der Westgrenze Polens unter polnische Administration gestellt werden soll und war zufrieden.

Die Wirklichkeit war eine andere, denn die Vertreibung der Deutschen, auch Umsiedlung genannt, hatte hier und da schon begonnen.

Der treffendste Beweis ist der Sonderbefehl des Oberstleutnant Zinkowski vom 14. Juli 1945.[18] Er richtete sich an die Bevölkerung der Stadt Salzbrunn und lautete:

«Laut Befehl der Polnischen Regierung wird befohlen:

1. *Am 14. Juli 1945, ab 6 bis 9 Uhr, wird die Umsiedlung der deutschen Bevölkerung stattfinden.*
2. *Die deutsche Bevölkerung wird in das Gebiet westlich des Flusses Neiße umgesiedelt.* ...

[18] Vgl. Guido Knopp, Die große Flucht, München 2003, S. 204.

3. *Jeder Deutsche darf höchstens 20 kg Reisegepäck mitnehmen,*
4. *Kein Transport (Wagen, Ochsen, Pferde Kühe usw.) wird erlaubt.*
5. *Das ganze lebendige und tote Inventar in unbeschädigtem Zustand bleibt Eigentum der Polnischen Regierung.*
6. *Die letzte Umsiedlungsfrist läuft am 14. Juli 10 Uhr ab.*
7. *Nichtausführung des Befehls wird mit schärfsten Strafen verfolgt, einschließlich Waffengebrauch.*
8. *Auch mit Waffengebrauch wird verhindert Sabotage und Plünderung.*
9. *Sammelplatz an der Straße Hbf. Bad Salzbrunn/Adelsbacher Weg in einer Marschkolonne zu 4 Personen. Spitze der Kolonne 20 Meter vor der Ortschaft Adelsbach.*
10. *Diejenigen Deutschen, die im Besitz der Nichtevakuierungsbescheinigung sind, dürfen die Wohnung mit ihren Angehörigen in der Zeit von 5 bis 14 Uhr nicht verlassen.*
11. *Alle Wohnungen in der Stadt müssen offen bleiben, die Wohnungs- und Hausschlüssel müssen nach außen gesteckt werden.»*

Befehle der Art, wie sie Oberstleutnant Zinkowski gegeben hatte, erreichten Zug um Zug die Städte und Dörfer und traumatisierten die Menschen.

Stalins brutale Rache an Hitler-Deutschland traf in der überwiegenden Mehrzahl unschuldige Menschen, sie traf Menschen, die nichts Böses getan hatten. Aber das interessierte den Massenmörder nicht.

Das, was auf der großen politischen Weltbühne geschehen ist, hat Mutter gewiss nichts gehört. Die Last des Alltags war für sie schwer genug. Dann aber wurde Mutter von der Realität überrollt. Ihre Frage, *«was werden soll, wenn sich Polen hier breit machen»*, wurde abschließend beantwortet. Die Vertreibung, der Verlust der Heimat, standen bevor. Der Abschnitt größter Hungersnot, schrecklicher Todesangst und tiefer Demütigung neigte sich zwar dem Ende – er sollte aber der Aufbruch in neues Elend werden.

Geh nur, wohin ich dich sende,
verkünde, was ich dich heiße,
fürchte dich nicht, ich bin bei dir,
spricht der Herr!

Das Vertrauen auf Gottes Hilfe mag Trost und Zuversicht gegeben haben.

Vertreibung aus der Heimat

Die Siegermächte hatten vereinbart, dass die Umsiedlungen in geordneter und humanitärer Weise zu erfolgen hat. Auch wenn die endgültige deutsche Ostgrenze in einem späteren Friedensvertrag festgelegt werden sollte, sprachen die Polen bereits unmittelbar nach Kriegsende von wiedergewonnenen Gebieten und polnischem Staatsgebiet. Entsprechend war die sogenannte Umsiedlung. Nach polnischer Lesart: Raus aus *«unserem»* Land!

Seit Sommer 1945 wurde nicht umgesiedelt, sondern vertrieben. Mit einem Jahr Verzug traf es uns.

Im Juni 1946 wurden im Dorf Plakate aufgehängt, auf denen die deutschen Bewohner aufgefordert wurden, sich beim Bürgermeister zu melden und die Liste einzusehen, wer bleiben musste und wer das Dorf zwecks «Aussiedlung» zu verlassen hatte, schreibt Magnus Poplutz.[19]

---

[19] Vgl. Magnus Poplutz, a.a.O.

Kurz nachdem Mutter von Papa die Nachricht erhalten hatte, dass er lebt und Mutter etwas Hoffnung geschöpft hatte, kam der niederschmetternde Nachricht von der Vertreibung

Am späten Nachmittag des 17. Juni 1946 hieß es: *Morgen muss das Dorf von den Deutschen geräumt werden. Am 18. Juni 1946, morgens um 5 Uhr, haben sich alle in der Ortsmitte einzufinden. Mitgenommen werden darf nur Handgepäck. Die Schlüssel müssen in den Haus- und Zimmertüren stecken bleiben. Die Anordnung wird mit Waffengewalt überwacht.*

Nun schufen die Polen unumkehrbare Fakten. Die organisierten Aussiedlungen, der große Exodus begann, die Enteignung der ortsansässigen Bevölkerung, der Schlesier, war angelaufen. Wir alle mussten verlassen, woran unser Herz hing. In zwei Abschnitten sollte der Abzug erfolgen. Wir gehörten zur ersten Gruppe, die zweite folgte am 19. Juni 1946.

Wir verloren den Schutz der «eigenen vier Wände», unser Heim, unsere Burg, die Stätte der Geborgenheit nun endgültig. Hilflos, wie eine Fliege im Spinnennetz, waren wir der Willkür der Besatzungsmächte ausgeliefert. Mit jeder Faser ihres Herzens hatte auch Mutter Frieden herbeigesehnt und gehofft, dass alle Schmach ein Ende nehmen möge und alles wieder so werden würde wie früher. Das Gegenteil trat ein.

Zum Verharren in Leid und Schmerz aber war keine Zeit. Mutter nutzte die verbleibenden Stunden, um eiligst aus Handtüchern kleine Rucksäcke für uns Kinder zu nähen, damit auch wir etwas mitnehmen konnten (das war gut gedacht, denn die Handtücher konnte man später – egal wie die Vertreibung verläuft – gebrauchen). Karl-Heinz, Marianne und ich bekamen je ein Rucksäckchen. Darin wurden einige Wertsachen und Erinnerungsstücke, so unter anderem das Familienstammbuch und auch die Fotos aus glücklicher Zeit, verstaut. Wie sie in dieser bedrückenden Lage auch noch daran gedacht hat, ist erstaunlich (oder eine intuitive Vorahnung, dass sie die Heimat nie wieder sehen wird?). Der Kinderwagen wurde für unsere jüngste Schwester, inzwischen 1¾ Jahre alt, benötigt. Dazu packte Mutter alles, was zu verstauen war, während sie selbst einen schweren Rucksack und Taschen zu schleppen hatte.

In jedem Haus die gleiche Hast. In der Dorfmitte bereiteten sich Großvater und Großmutter Baumgart vor. Um möglichst viel mitzunehmen, zog man sich trotz der sommerlichen Hitze mehrere Kleider übereinander an. Mutters Gemütszustand schwankte zwischen Wehmut und tiefer Trauer. Ich sah es ihr an. Eine Erklärung dafür hatte ich nicht.

Der Weg führte in eine totale Ungewissheit. Ein wenig Halt bekamen sie wohl von den anderen aus dem Dorf. Wir bleiben zusammen, hieß es.

«Um 5 Uhr früh standen wir an unserer Kirche, mit uns das halbe Dorf. Die andere Hälfte der Dorfbewohner wurde später in einem zweiten und dritten Anlauf

vertrieben. Unsere Hebamme, Frau Heinze, war mit dabei; auch Kays, Schmidts, Günthers und Fabians», schreibt Frau Bräuer.[20]

Siegfried Stenzel aus Günthersdorf[21] (unserem direkten westlichen Nachbarort), bestätigte mir in einem Gespräch den Vorgang. Er wurde mit seinen Eltern von Günthersdorf nach Tempelfeld getrieben. Weitere Menschen aus anderen Dörfern fanden sich ein. Eine riesige Menschenmenge sammelte sich um die Tempelfelder Kirche. Darunter Alfred Bardosseck aus dem Nachbarort Niehmen.[22] Dann wurde erstmal das Gepäck durchsucht (gefilzt). Die Menschen formierten sich zum Zug. Dann setzte der Elendsmarsch an.

«Wohin es nun genau ging, das wusste zunächst niemand von uns, aber erleichtert stellten wir die Marschrichtung fest: es ging nicht nach Osten; wären wir auf der anderen Seite aus dem Dorf gegangen, hätte das für uns Sibirien bedeutet. Wir zogen nach Jenkwitz bis Laskowitz (von den Nazis in Markstädt umbenannt). *Ehrlos, rechtlos und hilflos waren wir erneut einem rohen Sieger ausgeliefert, der brutal und rücksichtslos gegen uns vorging, der bewusst und systematisch, von seiner Obrigkeit gelenkt, die Einschüchterung, ja wir mussten erkennen, die Vernichtung von uns Deutschen betrieb»*, schreibt M. Bräuer weiter.

---

[20] Vgl. Margarete Bräuer, a.a.O.

[21] Inzwischen in Kreuztal verstorben.

[22] Vgl. Alfred Bardosseck, Meine Jugendjahre 1945-1946, Westhofen 2008.

So verließen wir unsere Heimat, Haus und Hof. In Koffern, Taschen, Rucksäcken und Bündeln aus Bettlaken, auf Handkarren und Kinderwagen schleppten wir den kargen Besitz mit, den uns die Machthaber gnädigerweise noch überlassen hatten (ähnlich wie die Polen aus ihren Ostgebieten zuvor bei uns angekommen waren, zogen wir jetzt dahin).

Die Marschkolonne: Vorne und hinten, in Abständen rechts und links von bewaffneten Häschern in die Zange genommen. Geschwächte, nach der langen, bitteren Notzeit ausgezehrte Menschen, Alte, Kranke, Mütter mit Kleinkindern, Männer, Frauen, Mädchen und Kinder, die kaum Schritt halten konnten, marschierten fast alle in mehrere Kleider gehüllt unter der glühenden Sonne Richtung Norden. Für gehbehinderte und gebrechliche Leute standen zwei Fuhrwerke zur Verfügung.

Wie ein Rudel, wie eine Viehherde wurden wir getrieben, aber nicht von guten Hirten, sondern von bösartigen Menschen, Männern, die ihre unumschränkte Macht auskosteten und es den Deutschen endlich heimzahlen konnten – ob schuldig oder unschuldig, das spielte keine Rolle. Erneut wurde den getriebenen Menschen klar, dass irdische Gerechtigkeit die Gerechtigkeit der Mächtigen ist. Was zuvor einige deutsche Soldaten unter dem Einfluss der Nazis in Polen angerichtet haben, traf jetzt uns.

Auf dem Weg nach Klein-Jenkwitz schaute Mutter ein letztes Mal zurück auf die weite Ebene unserer Heimat, auf unser Dorf, auf unsere Felder, sah ein letztes

Mal den schönen Turm der Kirche. Ob sie ahnte, dass sie ihre Heimat nie wieder sehen wird?

Arm wie die Menschen nach der Flutkatastrophe an der Ahr im Sommer 2021 zogen wir dahin. Nichts ist uns geblieben. Während die Flutopfer im Ahrtal wenigstens ihre Heimat behalten haben, ist uns auch die genommen worden.

Durch das vertraute Klein-Jenkwitz, durch Frauenhain und Rosenhain bis Ohlau und über die Oder hinaus bis nach Markstädt (Laskowitz), etwa 25 Kilometer weit, wurden wir getrieben. Ohnmächtig, apathisch schritten wir dahin, während die Seelen der Getriebenen wohl in einem Meer der Hoffnungslosigkeit trieben. Auch wenn der Schock die Schleusen ihres Schmerzes geöffnet haben mag, blieb keine Zeit ihn auszuleben, zu verarbeiten, Trost und Beistand zu suchen. Es blieb noch nicht mal Zeit, in die Zukunft zu schauen, denn die Gegenwartsbewältigung verlangte alle Kraftanstrengung. Mutters Sorge um uns Kinder war allzu groß und überwältigend. Erschütterte, betroffene, traurige Menschen trotteten wie eine Schafherde einer gefahrgeneigten, ungewissen, unsicheren Zukunft entgegen. Für die meisten war es ein Abschied für immer.

Und am Wegesrand standen hier und da polnische Männer, Frauen und Kinder, die nur darauf warteten, dass einer sich eines Teils der zu schleppenden Lasten entledigte.

Wie wir Kinder den weiten Weg bewältigt haben, weiß ich nicht mehr. Vielleicht hat uns mal jemand auf eines der Fuhrwerke gesetzt. Dass wir durchgängig gelaufen sind, ist sehr unwahrscheinlich.

Nach dem strapaziösen Marsch nahmen neue Demütigungen ihren weiteren Lauf. In Markstädt (Laskowitz) hatten die Polen ein Auffanglager errichtet. *«Dort verlebten wir Tempelfelder zusammen mit Pastor Seidel den Fronleichnamstag 1946. Ein Fronleichnamsgottesdienst durfte nicht gefeiert werden. Aber wir durften uns wenigstens an der Baracke, in der unser Pastor war, versammeln»,* berichtet Magnus Poplutz.[23] Es mag sein, dass das ein wenig die Last von den Seelen der Getriebenen in all der Ungewissheit, die vor ihnen lag, genommen hat. Geteiltes Leid soll halbes Leid sein, sagt man. Während die Erwachsenen ein Gefühl von Todesangst, Aufregung und Sorge durchflutete, sahen sich viele Kinder einem Abenteuer unterzogen – sie spielten und tobten unbeschwert. Wir auch?

---

[23] Vgl. Magnus Poplutz, a.a.O.

Menschen wie Tiger

Es gibt Menschen, die wie Tiger nach Blut lechzen. Wer sie einmal gekostet hat, diese Macht, diese unumschränkte Herrschaft über den Leib, das Blut und den Geist eines anderen Menschen, der gleich ihm geschaffen und laut Christi Gebot sein Bruder ist, wer einmal die Möglichkeit kennen gelernt hat, einem anderen Geschöpf ... tiefste Schmach und Erniedrigung anzutun, der wird ganz unwillkürlich die Herrschaft über seine eigenen seelischen Regungen verlieren.

Die Tyrannei ist eine Gewohnheit, sie hat die Fähigkeit, sich zu entwickeln und artet schließlich zu einer Krankheit aus. Ich bin ganz entschieden der Meinung, dass auch der beste Mensch durch Gewohnheiten erstarren und so roh und stumpf werden kann wie ein rohes Tier. Blut und Macht berauschen den Menschen; sie entwickeln in ihm einen Hang zur Rohheit und zu Ausschweifungen; der Geist und das Gefühl werden selbst für die anormalsten Dinge zugänglich. ...

Fjodor M. Dostojewski

Im Güterzug in die Fremde

Am nächsten Tag, dem 21. Juni, lief ein Güterzug ein. Dann mussten wir die Viehwagen, die mit Strohschütten und Eimern für die Notdurft ausgestattet waren, besteigen. 36 bis 40 Personen mussten in einen Waggon. Einer aus der Besatzung wurde zum «Chef» ernannt und war für die Unterbringung verantwortlich. In den zugewiesenen Waggons wurde das überlassene Gepäck verstaut. Mutter hob uns Kinder hinein und sicherte sich ein Plätzchen. Verstört, angespannt, nicht wissend, was geschieht, blieben wir vorerst nah bei ihr. Wir wurden – schlimmer als Schlachtvieh – auf engem Raum in die fensterlosen Waggons gescheucht und fanden mit vielen anderen Menschen Platz zwischen den Habseligkeiten, die wir noch hatten.

Der Güterzug, vollgestopft mit den unglücklichen Heimatlosen, dampfte ab. Männer und Frauen saßen auf ihrer Habe bzw. auf dem Fußboden oder standen an den Wänden gelehnt – traumatisiert, erschüttert, verängstigt und sorgenvoll. Selbst die stolzesten Großbauern waren nur noch armselige Kreaturen.

Alle Hoffnung war aufs Überleben und darauf gerichtet, in dem Zug irgendwann wieder in die Gegenrichtung, wieder nach Hause, gebracht zu werden.

Während die Erwachsenen ihre Ängste und Sorgen nicht abschütteln konnten und sich ihre Anspannung nicht lösen wollte, wurde es für uns Kinder zunehmend abenteuerlich. Die älteren von uns stiegen auf das Gepäck und schauten durch die Luftschlitze der Viehwagen nach draußen, bestätigt Josef Mesletzky aus Tempelfeld in einem persönlichen Gespräch.

«An unserer Landeshauptstadt Breslau fuhren wir vorbei; über Liegnitz, Kohlfurt bis Hoyerswerda. Hier hielt der Zug das erste Mal. Endlich konnten wir uns noch mal bewegen. Gleich ging es weiter bis Cottbus. Hier stand Militär auf dem Bahnsteig. Der Zug hielt und es hieß: Alles aussteigen, in der Bahnhofshalle zur Entlausung anstellen, und das war nötig. Wir waren inzwischen verlaust und verwanzt und konnten uns dieser kleinen Quälgeister kaum erwehren, obwohl wir dauernd die Kleider und Kopfhaare durchsuchten», schrieb Frau Bräuer.

Der obligatorische Entlausungsvorgang ist mir in guter Erinnerung geblieben, eine Prozedur. Ich habe die Schlange, in die wir uns einreihen mussten, noch deutlich vor Augen. Hungrig, müde und ungewaschen schritten wir an Sanitätern vorbei. Sie hatten Spritzen in der

Hand (wie Luftpumpen). Das Rohr war mit Läusepulver gefüllt. Diese Spritze bekam der vorbeigehende verlauste Deutsche in den Nacken gehalten, ein Ruck am Griff und ein Schuss weißes Pulver zischte so ins Hemd, dass es zu den Ärmeln und Hosenbeinen nur so heraus staubte. Wahrscheinlich war das Pulver giftig – aber wen störte das in dieser Zeit?

Danach kletterte jeder wieder in seinen Viehwagen und der Zug fuhr weiter westwärts, eine ganze Zeit lang.

Während für uns Kinder der Treck (abgesehen vom Hunger) weniger schlimm, jedenfalls ungeheuer interessant war, trug Mutter ihre Sorge und ihren Schmerz still für sich. Von ihrer Ruhelosigkeit und Ratlosigkeit sollten wir nichts merken.

Die Grausamkeit der Ereignisse wird erst richtig deutlich und nachvollziehbar, wenn man sich bewusst macht, dass die vielen Menschen (35 bis 40 Personen je Güterwagen, Männer, Frauen, Alte, Kranke, Kinder, Kleinkinder) keine Toilette und keine Waschgelegenheit hatten. Selbst die Luft zum Atmen war knapp.

Hunger, Hunger, Hunger

Verpflegung gab es unterwegs keine. Hielt der Zug an, sprangen viele von uns ab, um Essen und vor allem Wasser zu holen. Das machte meistens Großvater Baumgart für uns. Mutter nutzte die Gelegenheit, um zwischen aufgestellten Ziegelsteinen ein Feuer zu machen und eine Suppe herzurichten. Einmal ruckte der Zug unerwartet wieder an. Mutter kam in große Not; denn eine Trennung von Eltern und Bekannten hätte das Elend weiter vertieft. Allerdings musste sie uns Kinder erst mal einsammeln. Karl-Heinz und ich waren in einem Alter, in dem wir über Tisch und Bänke sprangen. Jeden, den sie erwischte, packte sie und steckte ihn in einen rollenden Güterwagen. Der Zug wurde jedoch nur rangiert und alles beruhigte sich wieder.

Schließlich ging es weiter über Magdeburg bis Uelzen. Hier war Endstation für diesen Zug. Er wurde ausgeladen und fuhr leer nach Schlesien zurück, um andere Deutsche zu holen. Hier in Uelzen wurden uns erstmals wieder helfende Hände gereicht, von Menschen, denen wir nicht egal waren. Menschen, die halfen, machten ein wenig neue Hoffnung. Ein Lager hatten sie hergerichtet. Zelte, ausgelegt mit Stroh, bekamen wir zugewiesen. Mehr ging nicht; denn selbst Stroh war nur mühsam zu beschaffen. Welche Mühe nötig war, um uns in dieser elenden Zeit beizustehen, ist unermesslich. Wie sie das fertiggebracht haben, ist der Würdigung wert, ist aber nie gewürdigt worden.

Müde, hungrig, ungewaschen bezogen wir diese – gegenüber der Enge des Güterwagens – exquisite Unterkunft. Wir hatten das Pech, in einen Güterwagen abtransportiert worden zu sein, in dem zuvor Kohle befördert worden war. Darum waren wir entsprechend schmutzig, unsere Hände und Gesichter waren von schwarzer Kohle gezeichnet. So hieß es dann von unbekannter Seite: *«Neger sind auch dabei.»*

«Hier in Uelzen bekamen wir endlich wieder etwas zu essen. Wir Tempelfelder hielten zunächst eng zusammen, sind aber dann doch in verschiedene Wagen eingestiegen. Vor dem Zug stehend entdeckte ich Kennzeichnungen an den Wagen. Mit Kreide stand an dem einen Wilhelmshaven. Weiter zum nächsten, auf dem stand Jever, weiter den Bahnsteig entlang Varel ..., berichtet Frau Bräuer.

Zwei Tage blieben wir in diesem Lager, dann munkelte man von Typhusgefahr. Plötzlich ging alles sehr schnell. Mit normalen Personenwagen der Deutschen Reichsbahn ging es weiter, nicht mehr in Güterwagen, sondern in Bahnwagen mit Sitzgelegenheiten, Holzbänke – welcher Komfort!

Nach den von den Alliierten angegebenen Bestimmungsorten waren die Wagen gekennzeichnet. Dort sollte die «Ladung» hin.

Getrennte Wege

Unsere Mutter hat in ihrer ständigen Not, Last und Sorge um uns Kinder die Markierungen wahrscheinlich nicht wahrgenommen. Auch müssen sie Großvater entgangen sein. So kamen wir in einen Wagen mit der Aufschrift «Wilhelmshaven». Dann ging es los – weiter Richtung Westen.

Auf einem der folgenden Bahnhöfe wurde der Zug getrennt. Der vordere Teil des Zuges fuhr an und entschwand. Und darin saßen Großvater und Großmutter Baumgart. Jetzt waren wir von ihnen getrennt. Unserer Mutter blieb nichts erspart – nun war sie endlich ganz allein. Viel schlimmer konnte sie das Schicksal kaum noch treffen.

Eine andere Lok kam vor die stehen gebliebenen Wagen und in der nächsten Nacht, am 25. Juni 1946, fanden wir uns mit einigen anderen Heimatlosen, u. a. Mesletzkys, in Wilhelmshaven wieder.

Endstation: Friesland

Von Wilhelmshaven aus wurden wir nach Fedderwarden dirigiert. Dort fanden wir im Saal eines Gasthofes vorübergehend Quartier. Im Festsaal hatte man Stroh ausgebreitet, auf dem wir uns mit vielen anderen eine Ruhestätte einrichten durften. Erschöpft ließen wir uns darauf nieder und ruhten. Ob es etwas zum Essen oder Trinken gegeben hat, weiß ich nicht. Es ist aber wohl anzunehmen, dass uns auch hier gute Menschen liebevoll die Hand gereicht haben. Am nächsten Tag erfolgte eine weitere Aufteilung. Mesletzkys und wir wurden kurze Zeit später in einem Gutshof bei Fedderwarden untergebracht. Die Eigentümerinnen, zwei bösartige Frauen, führten dort Regie. Ganz anders als die Leute in Uelzen, Wilhelmshaven und Fedderwarden machten sie keinen Hehl aus ihrer feindlichen Gesinnung und ließen uns ihre Ablehnung und Verachtung deutlich spüren. Als Pollacken wurden wir angesehen. Von Schlesien, seinen Nobelpreisträgern, den vielen Gelehrten wie Paul Ehrlich, seinen Dichtern und von Dietrich Bonhoeffer, Moltke und anderen Widerstandskämpfern hatten sie wohl noch nie gehört. Ihre Weitsicht reichte wahrscheinlich allenfalls bis Jever oder Wilhelmshaven. Wie Untermenschen, hergelaufenes Gesindel wurden wir behandelt. Dass wir härter als die Einheimischen für Hitlers Untaten büßten, war ihnen fremd. Solidarität gab es für sie keine. Ihre abweisende Haltung äußerte sich für uns auch darin, dass wir uns zusammen mit der Familie Mesletzky mit zwei kleinen Zimmern des großen Wohnhauses begnügen mussten (Mutter mit vier Kindern; Frau Mesletzky mit ihren fünf Kindern). Mehr Raum bewilligte man uns nicht. Auf Strohsäcken fanden wir eine vorläufige Ruhestätte. Gekocht wurde auf einem Provisorium (ein Spirituskocher stand uns zur Verfügung) – im Flur. Die Toilette des Hofes (ein seit mittelalterlichen Zeiten bis in die Nachkriegszeit übliches Plumpsklo) durften wir nicht nutzen. Das hatten sich die «ehrenwerten» Friesinnen vorbehalten. *«Für uns hatte man eigens ein Gestell angefertigt und einen Eimer darunter gestellt, der regelmäßig zu leeren war»*, sagte mir Alfons Mesletzky.

Mutters Leid wurde durch diese Ablehnung bestürzend vertieft. Hatten wir mit der Vertreibung Hunger, Demütigung und Gewalt hinter uns gelassen, stießen wir erneut auf Hunger, Anfeindung und Unterdrückung.

Wie Andreas Kossert schreibt, waren auch wir in der Welt der Sesshaften angekommen und mussten in einer fremden, feindlichen Umgebung bestehen. Mutter bekam deutlich zu spüren, dass sie mit der Heimat Namen,

Gesicht, Rang und Geltung verloren hatte. Das war unsere neue Welt, unser Deutschland.

Wieder Not und Elend. Der Hunger wurde noch schlimmer als im Polenjahr. *«Wir hatten nur zu essen, was die Marken hergaben»*, hielt Mutter schriftlich fest. Aber sie musste schon unseretwegen durchhalten, sie hatte Hand anzulegen. Sie durfte keine Schwäche zeigen, konnte sich nicht gehen lassen. Sie musste uns Kindern gegenüber stark wirken, durchhalten, kämpfen. Auch wenn sie mit ihrer Kraft fast am Ende war, halfen sie und Frau Mesletzky den feindlich gesonnenen Gutsbesitzern bei der Erntearbeit: Erbsen pflücken! Ob sie entlohnt wurden, weiß ich nicht – mit ein paar Erbsen oder Kartoffeln vielleicht.

Wir Kinder blieben währenddessen bei den älteren Mesletzky-Jungen. Sie gaben auf uns Acht. Unter ihrer Anleitung durften wir «fringsen».[24] Zusammen haben wir Obst «geklaut» und uns soweit möglich gesättigt.

So konnte es nicht bleiben. Mutter musste eine andere Bleibe, ein vertretbares, menschenwürdiges Obdach finden. Doch immer wieder stieß sie auf neue Enttäuschungen. Jeder wehrte sich gegen diese Eindringlinge. Und erst recht wehrten sich die Einheimischen gegen Familien mit mehreren Kindern. Der krasse Egoismus erstickte jede Herzenswärme.

---

[24] Kardinal Frings (Köln) hatte Diebstähle dieser Art gerechtfertigt und als erlaubt verkündet, daraus wurde das Schlagwort „fringsen“.

Tränenreiches Wiedersehen

Vater hatte das Kriegsende im Grenzgebiet Ungarn/Österreich erlebt. Nun galt es für ihn, nicht in Kriegsgefangenschaft zu geraten. Er hatte Glück. Auf einem Bauernhof in Frauenhofen bei Horn in Österreich ist er untergekommen. Auf dem Hof einer Familie Zedner (?) hat er Vieh versorgt, Heu gemacht, Ernte eingefahren, Holz geschlagen und dergleichen – er war der Knecht auf dem Hofe und den Besitzern eine nützliche Hilfe. Vater hatte jedenfalls eine Unterkunft und Verpflegung.

Gute Menschen – vielleicht selbst vom Schicksal geschlagen – hatten ihm die Chance gegeben, noch größeres Unheil (die Gefangenschaft) abzuwehren. Zum Glück konnte er sich den russischen Suchtrupps immer wieder entziehen, ihnen stets ausweichen.

Anfang Februar 1946 fasste er den Mut, in Richtung Westen aufzubrechen. Er wollte nach Hause, in sein Dorf in Schlesien. Der direkte Weg durch die Tschechoslowakei war zu riskant; die Gefahr, Russen und verhassten Tschechen in die Hände zu fallen, war zu groß. Darum suchte er den Umweg um die Sudeten herum. Seinen Weg hatte er in seinem kleinen Notizbuch vorgezeichnet. Über München, Nürnberg, Bayreuth, Hof, an Dresden vorbei wollte er gehen. Am 22.2.1946 erreichte er Linz und am 25.2.1946 die Grenze. Er war in Bayern angekommen und den Russen entwischt. Von Ort zu Ort, von Lager zu Lager hat er sich durchgeschlagen. Die Gefangenschaft in den Händen der Russen war ihm erspart geblieben; sie hätte Sibirien bedeutet.

Dass er mit seinen Gedanken und Sehnsüchten ständig bei uns war, geht aus einer Notiz in seinem alten Kalender hervor. *«Alle Tage bete ich zur Mutter Gottes, dass sie Euch schützen und leiten möge»*, hatte er am 8.4.1946 notiert. Der Glaube gab ihm Kraft und Mut.

Am 1. Mai 1946 kam er in Fürstenfeldbruck bei München an. Dort erhielt er einen Flüchtlingsausweis – endlich ein Legitimationspapier. Sein vom Heimweh getragenes Ziel blieb die Familie, die zu der Zeit immer noch in Tempelfeld war.

Allerdings hatte auch er wohl schon gehört, dass Schlesien unter polnische Verwaltung gestellt war und die Deutschen vertrieben wurden. Also neue Ungewissheit, neue Sorgen, neue Qualen. Dann reißen seine Aufzeichnungen ab. Der Block aus dem Jahre 1945 war voll.

Den Umständen nach führte ihn der Weg vorerst in Richtung Norden, Richtung Hof, seiner vorgezeichneten Route folgend – noch der Heimat entgegen.

Über die inzwischen hervorragend arbeitenden Suchdienste machte er in Ebnath, Kreis Kemnath, Mutters Schwester Elisabeth und ihren Bruder Georg ausfindig. Natürlich musste er sie erreichen; ihr Aufenthalt lag an seiner Route. Die Freude war groß, als er erstmals wieder Kontakt zu lieben Angehörigen gefunden hatte.

In dieser Zeit hat ihn wohl die Nachricht erreicht, dass wir aus Schlesien vertrieben worden waren. Die Information muss ihn schrecklich getroffen haben: *«Alles soll ich nicht wiedersehen, was lieb mir war in der Heimat?»*

Nun galt es, Kontakt zu den Suchdiensten zu halten und zu hören, wo seine Familie war. Als er erfuhr, dass wir in Friesland weilten, zog es ihn zielstrebig nach Norden.

Am 2. August 1946 durfte sich Mutter endlich noch mal von Herzen freuen. Unser Vater hatte uns gefunden. Gleich aber folgte neue Drangsal. Eine der Gutsherrinnen (die bösartigere unter den Schwestern) versuchte zu verhindern, dass Vater mit im Haus, in dem Zimmer, das uns zur Verfügung gestellt war, unterkam. Diesen Widerstand aber brach Mutter energisch und mit List; denn ihr war aufgefallen, dass die unbarmherzige Hausherrin unerwünschte Beziehungen unterhielt. Als Mutter dieses Druckmittel einsetzte, knickte sie ein und gab nach. Die Familie war wieder vereint. Jetzt konnte Vater das erste Mal sein jüngstes Kind (im Alter von fast zwei Jahren) sehen und in den Arm nehmen. Freudentränen aufgrund des Wiedersehens nach so langer Zeit und bittere Tränen des Mitleids rannen Vater über die Wangen, als Mutter ihm von der fürchterlichen Zeit der Flucht, der gefährlichen, erbärmlichen Zeit danach unter Polen und Russen und von der unmenschlichen Vertreibung erzählte. Tief bewegt und traurig nahm er zur Kenntnis, was Mutter mitgemacht und ausgestanden hatte (ich entsinne mich und sehe ihn vor meinem geistigen Auge noch weinen). Noch wollten und konnten sie gar nicht begreifen, was passiert war. So saßen sie zusammen mit ihren Fragen, Zweifeln, vagen Hoffnungen und suchten dringend Antworten.

Trotz allem waren unsere Eltern nicht gebrochen – als Mutter unserem Vater berichtete, dass zu Hause in Tempelfeld alles verwüstet und Auszughaus und Scheune abgebrannt waren, sagte er in seiner niederschlesischen Mundart nur: *«Dann baun wir sie äben wieder uff!»* (dann bauen wir sie eben wieder auf!). So war er, unser Vater, immer tüchtig, optimistisch, konstruktiv, zuversichtlich, lebensnah. Mit diesem Mann an der Seite fand Mutter neuen Lebensmut. Und wir Kinder? Wir hatten Vater wieder. Wir konnten Vater und Mutter unsere Ärmchen um den Hals und den Kopf an ihre Schultern legen, fanden Halt und Stütze. Jetzt durften wir getrost unseren kargen Kinderalltag leben.

Inzwischen hatten sich Fürsorgeeinrichtungen der Vertriebenen angenommen. Für uns war eine Fürsorgerin namens Herzog zuständig. Es war eine herzliche, gute, mitfühlende Frau. Als sie unsere Familie, Vater, Mutter und vier Kinder in einem Zimmer eingezwängt sah, suchte und fand sie eine adäquate neue Bleibe – und fand sie in einem kleinen Häuschen im großen Garten des Bauern Franz H. in Sillenstede, Kreis Jever (heute Gemeinde Schortens).

In Sillenstede

Es war ein kleines Holzhaus, gebaut für Wehrmachtsoffiziere. Gleich hinter dem Garten war ein Barackenlager der Deutschen Wehrmacht (Pionierpark genannt). Dort wurden viele andere Vertriebene (auch aus Tempelfeld) untergebracht. Für uns hatte sie ein schöneres Quartier. Das uns zugewiesene kleine Häuschen schien wie im Paradies gelegen – ein Garten Eden: Ringsum Obstbäume.

Als aber der Bauer H. erfuhr, dass eine besitzlose, verarmte Familie mit vier Kindern in seinen Garten einziehen und von dem Häuschen Besitz ergreifen sollte, haben er und seine Frau sich energisch zu widersetzen versucht, sie haben geschimpft, getobt und gedroht. Der Bauer H. weigerte sich hartnäckig, scheinbar aus Angst, wir könnten sein Obst abernten. Auch sie waren erstmal blind für unsere Armut und unser Elend. Wir störten die pure Existenz der Einheimischen. Herzlosigkeit, Gefühlsmangel, Ablehnung und Verachtung schlugen uns abermals entgegen. Die Eltern erfuhren nachdrücklich, was

Fremdsein bedeutet. Sie, die nichts mitbrachten als den eigenen Willen zu überleben, bekamen gezeigt, dass sie nur noch gesellschaftliche Außenseiter, moralisch Geächtete sind.

All ihr Aufbegehren nützte aber nichts, wir wurden mit obrigkeitlicher Hilfe eingewiesen und wir zogen ein.

Die Frage, warum man so abweisend war, blieb unbeantwortet. Wir waren doch ein Volk![25]

Die Oldenburger Bauern waren sturer als Panzer, schreibt Andreas Kossert. Und doch muss man die Menschen verstehen; denn sie selbst standen nach dem verlorenen Krieg vor einer unsicheren Zukunft.[26]

In dem kleinen Häuschen hatten wir endlich wieder eine Stätte des privaten Lebens, eine räumlich geschützte Privatsphäre. In einem Haus für uns allein mit zwei Zimmern, einer kleinen Küche, fließendem Wasser und

---

[25] Später sollte sich herausstellen, dass Herr und Frau H. herzensgute, warmherzige liebe Menschen waren. Später haben sie sich für ihr Verhalten geschämt und ihr abweisendes Verhalten zutiefst bereut.

[26] Wie hätten sich die Schlesier verhalten, wenn sie plötzlich von Menschenmassen überrollt worden wären? Aus Erzählungen kenne ich den Bauernstolz und weiß, wie sich die reichen Bauern über die Kleinen, die Handwerker oder die Hilfskräfte, selbstherrlich erbarmungslos erhoben haben. Seit der Bauernbefreiung 1820 waren sie die Herren. Wie wären sie wohl mit schmutzigen, ungewaschenen heruntergekommenen Fremden umgegangen? Gewiss auch nicht besser. Der Bauernstolz saß so tief, dass er über die Vertreibung hinaus wirkte. Selbst in der Zeit, als alle gleich arm und mittellos waren, achteten die einst reichen Bauern darauf, dass nicht etwa eines ihrer Kinder Sympathien für einen Nachfahren eines Handwerkers oder gar nur Landwirtschaftsgehilfen aus dem Dorf Tempelfeld entwickelte.

einer kleinen Toilette (mit Wasserspülung!) waren wir untergekommen. Jedenfalls hatten wir ein Dach über dem Kopf und eigene vier Wände, eine Wohnstätte um vieles besser als sie die anderen Vertriebenen bekommen haben, so schön, dass uns andere beneideten.

Vater organisierte ergänzend zu dem, was in dem Häuschen war, Betten (Stahlbetten der Soldaten von nebenan aus dem Pionierpark, der kleinen Kaserne) und Strohsäcke, suchte Tisch, Stühle und Schränke (Militärspinde) zusammen und schreinerte mit dürftigem Handwerkszeug (Hammer, Säge, Nägel – wie er daran gekommen ist, weiß ich nicht) selbst, was nötig war.

Wir Kinder schauten uns vorsichtig um. Der große Garten rund ums Haus gefiel uns. Verängstigt und Vorsichtig tasteten wir uns vor, immer darauf bedacht, den Grundeigentümern nicht zu begegnen. Ihr abweisendes feindliches Verhalten bei der ersten Begegnung steckte uns «in den Knochen». In der Hoffnung, nicht gesehen zu werden, fanden wir schließlich den Mut, durch den Korridor im Bauernhaues H. ins Dorf zu gehen. Es war gelungen, keiner hat uns abgefangen und beschimpft.

Weit sind wir nicht geschlichen. Die schützende Nähe der Eltern durften wir in der neuen, fremden Umgebung nicht verlieren. Vom Haus H. aus führte ein Weg geradeaus zum Ortszentrum mit dem Gasthof «Sillensteder Hof» und zur Kirche. Bis dorthin hatten wir uns gewagt. Vom Haus aus nach links stieß man auf ein anders Lokal und auf ein Kaufhaus mit zwei großen Schaufenstern, das Kaufhaus Duden. Obwohl uns die Dekoration mit den spärlichen Auslagen interessierte, machten wir schnell wieder kehrt.

Erstaunt hat uns, dass hier im Ort nichts kaputt war. Entgegen den Zerstörungen in Tempelfeld und den vielen Trümmerfeldern, die wir auf der langen Reise durch Schlesien und weiter bis Wilhelmshaven gesehen hatten, war hier alles in Ordnung. Während Deutschland in Trümmern lag, schien der Krieg hier vorbei gegangen zu sein.

Quer durch Deutschland (von Südost nach Nord/Nordwest) hat man uns getrieben. In einem unbekannten Land war unsere Irrfahrt erst mal zu Ende, in einem Land, das auf seine Art auch schön und doch so ganz anders als Mittelschlesien war.

Lebten in Schlesien die Menschen fast alle in Dörfern zusammen, lagen in der Weite der friesischen Ebene abseits der Dörfer auch viele Bauerngehöfte verstreut – umgeben von hohen Büschen und Bäumen zum Schutz vor dem ständigen, oft heftigen Wind, von dem die nach Osten geneigten Bäume Zeugnis ablegen.

Bedeckte in Tempelfeld um die Weihnachtszeit in der Regel Schnee die weite Flur, war Ostfriesland meist vom *Nebel umschlungen*, lag das Land *«in Dunst und Dämmerungen»* – wie es Theodor Storm beschreibt.[27]

Unser erster Eindruck: Das Dorf ist schön – wenn auch ganz anders als Tempelfeld.

---

[27] Letzte Sommertage, Gedicht von Theodor Storm.

Trautes Glück im kleinen Heim!

Mutter hatte uns strengstens verboten, in dem großen Obstgarten auch nur einen Apfel aufzuheben oder gar zu pflücken oder auch nur eine Beere von den vielen Sträuchern am Gartenweg abzunehmen. Mitten im «Paradies» hielten wir uns an das Verbot – auch wenn der Hunger noch so groß war.

Den Alltag fristeten unsere Eltern von dem wenigen Geld, das wir noch hatten. Dazu kam ein bisschen staatliche Unterstützung. Das musste reichen.

Ostfriesland bot zu dieser Zeit kaum Arbeitsmöglichkeiten. Und doch ein erster Hoffnungsschimmer: Kurzfristig durfte Vater beim DRK-Kinderheim Friesland in Jever als Gärtner aushelfen (12.8. bis 30.10.1946). Im November 1946 wurde er im Baugeschäft Fritz M. in Sillenstede angestellt. Papa hatte unerwartet Arbeit gefunden.

In der Vorweihnachtszeit sind wir oft ins Dorf gelaufen, weil im Kaufhaus «Duden» eine elektrische Eisenbahn zur Dekoration des Schaufensters ihre Kreise zog. Ich entsinne mich: *«Es war für uns faszinierend zuzusehen!»*

Es folgte der Hl. Abend 1946. Eine geheimnisvolle Stille hatte sich breit gemacht – unterbrochen nur von einigen Elstern und Krähen, die sich in den Pappeln am Graben zwischen dem Garten der Familie H. und dem Pionierpark zankten.

Am frühen Abend waren wir Kinder zunächst bei unserer weitläufig verwandten Familie, der Familie Gürlich, die mit uns aus Tempelfeld vertrieben worden war, eingeladen. Sie hatte im Gasthof an der Straße nach Jever gegenüber dem Kaufhaus Duden eine Unterkunft gefunden. Aus Anlass des Geburtstages Jesu stimmten sie uns liebevoll auf das Christkind ein. Von dem Geschehen in Bethlehem und dem Jesuskind, Maria und Josef und den Hirten erzählten sie uns und von ihrer Flucht nach Ägypten. Wir hörten gespannt zu. Dann trat Vater in die geheimnisvolle Stille und holte uns ab. Wir erreichten unser kleines Häuschen und traten ein. Ein Christbaum strahlte im Kerzenlicht. Mutter hatte die «große Stube» (Wohnzimmer und zugleich Schlafzimmer der Eltern) festlich hergerichtet. Das Christkind war gekommen und hatte uns «reichlich» beschert – für die Mädchen lagen (aus Stoffresten genähte) Puppen, für uns Knaben standen von Vater aus Holz gebastelte Autos unter dem Christbaum. Wann und wie die Eltern das leisten konnten, blieb ihr Geheimnis. So hatten wir allen Grund zur Freude, besonders wenn die jüngste Schwester mit ihrem Püppchen durch das Zimmer tippelte und es herzte oder nachmachte, was Marianne tat.

Und unsere Eltern? Vater und Mutter saßen dabei, nahmen Teil an unserem Glück und erlebten das Fest doch mit widerstreitenden Gefühlen. Sie waren sicher mit dem Herzen zu Hause, in Tempelfeld. Ihre Gedanken und Sehnsüchte schweiften gewiss zurück in glücklichere Zeiten. Sie erinnerten sich daran, wie Mama schon Tage vorher das große Fest üppig vorbereitet hatte, wie sie gebacken, eine Gans geschlachtet und zubereitet, das Wohnzimmer festlich geschmückt und am Hl. Abend schon frühzeitig den Kachelofen im Wohnzimmer angeheizt hatte; wie Papa vor der Christnacht und vor der Bescherung immer erst das Vieh versorgt hatte und nochmal durch die Ställe gegangen war, wie er dann von seinen Pferden mit einem unterdrückten Wiehern begrüßt wurde und er ihnen an dem Abend wohl eine extra Portion Hafer gegeben hat. Sie erinnerten sich gewiss der Glocken, die vom Kirchturm zur Christnacht läuteten und sahen vor dem geistigen Auge Nachbarn und Freunde zur Kirche eilen. Alles war so nah und vertraut und doch so weit entfernt.

Ohne Zweifel trübte der Rückblick auf den schlimmen Krieg, die grausame Flucht und die herzlose Vertreibung ihre Seele. Doch am Ende stand die Freude darüber, dass wir alle überlebt hatten und glücklich vereint das erste Weihnachtsfest feiern konnten.

Zum Sterben zu viel

Bald aber folgte ein neuer Rückschlag – eine herbe Enttäuschung. Der Unternehmer M. hatte keine Arbeit mehr für unseren Vater. Schon am 12.4.1947 war Papa wieder arbeitslos. Verzweifelte Versuche, eine neue Erwerbsquelle zu finden, verliefen im Sande. Immerhin hatte er in den fünf Monaten 306,60 Reichsmark verdient – für den, der nichts hatte, war das schon etwas.

Erneut sollte die Ernährung der Familie auf Lebensmittelkarten beschränkt sein – zum Sterben zu viel. Abermals wäre ständiger Hunger die Folge gewesen, wenn nicht die Eltern nach jedem Strohhalm gegriffen hätten. Ein solcher bot sich bei fernen Verwandten in Wittmundhafen (im Kreis Wittmund, etwa 25 Kilometer von Sillenstede entfernt). Ein weitläufiger Onkel mit seiner Frau Helene betrieb als Neusiedler eine Landwirtschaft. Um selbst aus der Kost zu sein und seine Lebensmittelmarken der Familie zukommen zu lassen, ging Vater dort hin und half als Knecht auf deren Hof. 918,85

Reichsmark verdiente er dort im Jahre 1947 noch. Wenig genug – aber ein kleiner Vorteil in armseliger Zeit.

Mit Zustimmung des Bürgermeisters der Gemeinde durften wir auf einem Stück Brachland, nebenan hinter den Baracken des Pionierparks, einen kleinen Garten anlegen, einige Beete, auf denen Mutter Salat, Möhren usw. anbaute. Jede Kartoffel war von unschätzbarem Wert. Gleich schon schafften die Eltern in ihrer unermüdlichen Art auch Kaninchen an; Fleisch zu kaufen war ausgeschlossen.

Wir Kinder spürten intuitiv den Druck, den Mutter und Vater zu ertragen hatten, wurden uns der wirklichen Tragweite des Geschehens aber nicht recht bewusst.

Dass wir unter ständiger Beobachtung standen, zeigte sich im Frühsommer 1947. Unsere kleine 2½ jährige Schwester hatte eine Beere von einem am Wegrand stehen Strauch im Garten genommen. Erbost erschien der Hausherr und schimpfte.

Dennoch: Das Verhältnis zur Familie H. besserte sich schnell. Sie hatten uns von ihrem Küchenfenster aus ständig im Blick. Und als sie feststellten, dass wir nicht die beutegierigen, unangenehmen Eindringlinge waren, die ihre letzte Kammer besetzen und ihnen das letzte Brot wegessen wollten, sondern eigentlich eine anständige, vom Schicksal geschlagene Familie waren, Mutter zudem stets freundlich und hilfsbereit war, kamen sie auf uns zu, boten uns ihre Waschküche in ihrem Haus zur Nutzung an und gaben uns dies und jenes aus ihrem Garten. Ihre einstige Weigerung, sich dem tatsächlichen

Geschehen zu stellen, hatte sich in angenehmes Wohlwollen verkehrt. Der Weg durch den Garten wurde zum Spielplatz – und keiner regte sich mehr auf.

Im Sommer 1947 war Erntezeit. Das bedeutete für uns «Ähren lesen». Barfuß gingen wir auf die Stoppelfelder, um eventuell verlorene, liegen gebliebene Roggen- oder Weizenähren einzusammeln. Das tat weh; doch schnell hatten wir rausbekommen, dass man die Stoppel mit den Füßen erst zur Seite schieben muss, bevor man auftrat. So ging es. Wenn wir ein Säckchen voll hatten, ließ Mutter das Korn in der Sillensteder Windmühle mahlen, um aus dem Mehl Brot oder Kuchen zu backen.

«... dass der Mensch was lernen muss.»

Wir Kinder hatten bis dahin viel versäumt. Heute wissen wir, dass Kinder lernen, indem sie das Verhalten ihrer großen Vorbilder beobachten und nachahmen und dass dabei die Eltern einen wesentlichen Teil des Umfelds bilden, in dem sich Persönlichkeit und Verhalten des Kindes entwickeln. Das umso mehr, wenn sie das Gefühl von Sicherheit und Halt haben.

Gerade dieser Boden aber wurde uns früh entzogen. Besonders betroffen waren die kleinen Mädchen. Mit der Flucht vor der anrückenden Front war es vorbei mit mütterlicher Aufmerksamkeit, begleitender Zuwendung, mit Anerkennung und Bestätigung der kindlichen Träumereien. Mutters Möglichkeiten waren darauf beschränkt, uns vor Fliegerangriffen, vor dem Erfrierungs- und vor dem Hungertod zu bewahren. Einen Teil unserer Kinderzeit, eine für das Leben bedeutende Zeitspanne, hatte uns das Schicksal genommen:

- statt Märchen- und Bilderbücher – schmerzliche, peinigende Eindrücke,
- statt Kinderlieder und Kindergedichte – Geschossknallen und Fliegergetöse,
- statt Malen und Basteln – lähmendes Entsetzen,
- statt Singen und Springen – Schockstarre,
- statt Spielgefährten und Ringelreigen – fragende, ängstliche Blicke,
- statt Wandern und Entdecken – Not, Gefahr, Verderben, verzweifelte Menschen,
- statt Sicherheit und Halt – hin und her gestoßen,
- statt Leckereien – Hunger.

Im neuen Zuhause in Sillenstede stellte sich aber das Gefühl ein, wieder einen sicheren Heimathafen zu besitzen. Und die Eltern konnten sich jetzt zeitweilig mit uns, besonders mit den Jüngsten, die nun schon fast 3 bzw. 5 Jahre alt geworden waren, ein wenig befassen.

Die Volksschule in Sillenstede rief und bot uns eine erste Chance. Auch unser religiöses Leben bedurfte der Förderung.

Wir hatten Glück. Wir kamen in eine sehr leistungsfähige Schule, die uns streng aber wirkungsvoll in die Pflicht nahm. Die regen Lehrerinnen und Lehrer unterrichteten uns (sehr bestimmend, fast autoritär) nicht nur in Rechnen und Schreiben. Sie unterwiesen uns auf breiter Ebene sowohl in Musik als auch in Naturkunde, Geographie usw. bis hin zum Theaterspiel (ich stand schon früh vor großem Publikum im Gasthof neben der

Kirche auf der Bühne; unser Vater hatte dazu die Kostüme gefertigt).

Mit dem katholischen Pfarrer Alois Knauer (ebenfalls aus Schlesien vertrieben), einem überzeugenden, rührigen Seelsorger, holten wir in dem lutherischen Umfeld nach, was in schwerer Zeit grob vernachlässigt war. Pfarrer Knauer und der evangelische Pfarrer verstanden sich gut. Und so stand uns die Tür zur Kirche offen.

Ein neuer Schicksalsschlag

Dann schlug das Schicksal erneut zu. Mutter erkrankte ernstlich. Die Last, die sie in den letzten Jahren hatte tragen müssen, war viel zu schwer. Über lange Zeit ist sie über sich hinaus gewachsen, weil sie für uns stark sein musste. Nie hatte sie Zeit für sich. Jetzt machten sich die körperlichen und seelischen Verletzungen bemerkbar, jetzt zeigten sich die Folgen der ständigen Angst und Sorge, von Hunger und Gefahr, von Demütigungen und Verlusten – über so lange Zeit. Nur mühsam hat sie aus Sorge um uns Kinder die Balance halten können zwischen Resignation, Verzweiflung, Erschöpfung und Pflichtbewusstsein. Nun war ihr Gleichgewicht gebrochen; nun war sie mit ihrer Kraft, die sie aus der Verantwortung geschöpft hat, am Ende. Mutter kam ins Krankenhaus nach Sandebusch, etwa 12 Kilometer von Sillenstede entfernt. Dort blieb sie mehrere Wochen. Vater musste seine Hilfstätigkeit bei der Familie Dzialas in Wittmundhafen aufgeben und nach Hause kommen. Wir

Kinder brauchten ihn. Erneut hatten wir eine Talsohle erreicht.

Dass Vater nach den vielen Jahren der Trennung so oft wie möglich ins Krankenhaus fuhr, war nur allzu natürlich. Die Freude war groß, als er einen Gutschein für ein Fahrrad bekam. Mit dem erstandenen Rad konnte er Sandebusch schnell und günstig erreichen, Mutter besuchen und ihr Mut zusprechen.

Wo sich aber Unglück einnistet, bleibt es gewöhnlich lange Zeit. Waren zwei Schritte nach vorn getan, ging es ganz sicher wieder einen Schritt zurück. So auch diesmal. Unter unzähligen Fahrrädern, die ständig am Krankenhaus standen, wurde Vaters Rad gestohlen. Es war zum Verzweifeln – für unsere Eltern.

Im Winter eine warme Stube zu haben, war ein Teil Glückseligkeit. Aber Holz gab es kaum. Die Wälder waren aufgeräumt; denn zu viele suchten Heizmaterial. Nur mit großer Mühe fand man ein paar dünne Zweige. Bis in die Kronen hatten die Menschen dürre Äste von den Baumstämmen abgeschnitten und heim geholt. Kein Tannenzapfen blieb liegen. Wie alle anderen durfte Vater im Moor Torf als Heizmaterial stechen gehen. Doch das genügte nicht. Vom zuständigen Förster bekamen wir die Erlaubnis, Baumstümpfe roden zu dürfen. Mit Vater zogen Karl-Heinz und ich hinaus und buddelten einen Baumstumpf frei. Vater hackte die Wurzeln ab. Glaubte man, alle Wurzel abgetrennt zu haben, fand sich ganz sicher tief unten noch eine. War der Stumpf schließlich freigelegt, fuhren wir ihn auf einer Karre nach Haus – eine Schinderei. Den verwachsenen Wurzelstock zu spalten und Scheite daraus zu machen, war für unseren durch Krieg und Entbehrung entkräfteten Vater eine teuflische, mühevolle Arbeit, eine Qual. Letztlich aber garantierten uns die Eltern ein warmes Zuhause.

Vom 1.1. bis 4.12.1948 konnte Vater noch mal bei Onkel Dzialas arbeiten. Ab Juni 1948 lohnte sich die Arbeit, denn mit der Währungsreform (20. Juni 1948) war das Geld wieder Geld wert. Endlich war dafür wieder etwas zu bekommen. Aber dann warf der Betrieb nicht mehr genug ab. Die Arbeitslosigkeit begann erneut. Eine andere Arbeit zu bekommen, war aussichtslos. In Friesland gab es nichts.

In dieser armseligen Zeit kam uns Vaters unbegrenztes Talent zugute, er konnte und machte alles. Vater ersetzte den Frisör, den Schuster, den Schreiner, den Uhrmacher, den Elektriker, den Gärtner – und tat es bald auch für andere.

Es bleibt immer auch ein bisschen Freude

Es war eine armselige, gleichwohl selbst für unsere Eltern keine absolut freudlose Zeit. Freude auf allerniedrigstem Niveau erfuhren sie, wenn wir Kinder glücklich und zufrieden waren.

Bei aller Knappheit waren wir so gut behütet, dass wir immer eine «Vesperschnitte» (ein Sirupbrot zur Nachmittagszeit) hatten; und oft wurden wir von anderen Kindern darum beneidet und gebeten, sie mal «reinbeißen» zu lassen.

Auch Vater hat sich einmal richtig gefreut. Er hatte ein Stück «gute» Butter – so groß wie ein Taubenei – bekommen. Wie strahlten seine Augen, es erinnerte an Tempelfeld; denn hier in Friesland gab es für uns in der Regel nur kostengünstige Margarine.

Wie glücklich war er, als er zum Ordner beim Pferderennen bestellt wurde. Galopprennen waren in der Gegend ein weit verbreiteter Sport. Solche Veranstaltungen zogen Menschenmassen an. In Grafschaft, einem Nachbarort von Sillenstede, fand ein solches Volksfest statt. Dass er die Ordneraufgabe bekommen und er sie mit großer Lust angenommen hat, ist zwangsläufig, konnte er damit doch eine Kleinigkeit verdienen; besonders bewegt hat ihn aber der enge Kontakt zu seinen geliebten Oldenburger Pferden. Mit Wehmut hat er die stattlichen Rosse betrachtet; mit den Augen aufgesogen hat er sie, schließlich konnte er zeitweilig zusehen, wie die sportlichen Rosse ihr Bestes gaben. Erinnerungen an die Reiterfeste in Schlesien wurden geweckt.

An den Weihnachtsfesten gelang es den Eltern, uns stets freudig zu überraschen. Vater hatte 1948 sogar eine elektrische Eisenbahn aus irgendwelchen Altmetallen (die er wahrscheinlich auf dem Flugplatz in Wittmundhafen gefunden hatte) gebaut. Ein Wunderwerk der Handwerkskunst: Transformator und Elektromotor selbst gewickelt, Schienen und Triebwagen aus Altblech selbst gebogen und geformt. Unglaublich – unser Vater war ein Genie.

Auf den Weihnachtstellern fanden wir sogar je eine Apfelsine, eine Rarität, eine Köstlichkeit zu jener armseligen Zeit! Sie wurde mit Hochgenuss gegessen – natürlich täglich nur eine, stückchenweise und schön durch vier geteilt – für jedes Kind ein Stück. Manchmal – aber selten – leisteten sich auch die Eltern eine Kostprobe.

Anlässlich der Dorfkirmes hatten uns Vater und Mutter von ihrem wenigen Geld sogar eine Lutschstange gekauft – wir waren glücklich und fühlten uns reich. Ansonsten waren es Vergnügen für die Augen.

Für uns Kinder war es nicht schlecht in dem Dorf. Wir hatten freien Auslauf, wir konnten tun und lassen, was wir wollten. Kinder sind immer – auch in schwerer Zeit – lebensfroh und voller Tatendrang. So schwer die Zeit auf unseren Eltern lastete: Für uns Kinder war es trotzdem schön. Kamen die Enkelkinder der Familie H. zu Besuch, hatten wir quicklebendige Spielkameraden. Mit ihnen durften wir schon bald im großen Garten kreuz und quer rennen, spielen, toben. Meistens spielten wir Pferderennen.

Den Ort und die Felder und Wälder zu entdecken, verwehrte uns niemand. Entsprechend weit wurde unser Aktionsradius. Die kindliche Unbekümmertheit war nicht ganz verloren. Wir hatten unsere Freiräume. In den Sandgruben (nicht ganz drei Kilometer hinter Sillenstede linksseitig an der Straße nach Jever im Wald gelegen) fanden wir bei sommerlichen Temperaturen die Gelegenheit zum Baden.

Die vielen Entwässerungsgräben in dem flachen Lande verführten dazu, aus alten Benzinkanistern (Reste aus dem Kriegsgeschehen waren überall noch zu finden) Flöße zu bauen und die «Seefahrt» zu erlernen. Mit Stöcken bewegten wir die Schwimmgeräte fort. Die Freude verlor sich jedoch meist schnell, weil das Staken schwierig war.

In den Wäldern bestaunten wir Fuchsbauten und Vogelnester. Die Füchse hatten es uns angetan. Hatten wir einen Bau entdeckt, ging es auf die Suche nach dem Notausgang, den die schlauen Tiere ganz sicher angelegt hatten.

In der großen Scheune eines netten Bauern A. durften wir spielen, toben, Verstecken spielen und Spatzennester ausräumen. Darin sahen wir kein Vergehen; denn Spatzen gab es unzählige.

Keiner verjagte uns. Verjagt wurden wir, wenn in der Hengststation des Bauern A. (er hatte wunderschöne feurige Tiere) Stuten zu Besuch waren. Das sollte für Kinderaugen nichts sein (obwohl wir längst wussten, wie was läuft).

Fahrradfahren lernten wir auch. Vater hatte Einzelteile von alten Fahrrädern gesucht und daraus ein Rad zusammengestellt. Weil es keine Reifen gab bzw. weil Reifen (für uns) nicht zu bezahlen waren, hatte unser talentierter Vater aus alten Kraftwagenreifen, die irgendwo herumlagen, Streifen geschnitten und diese geschickt auf die Felgen gezogen. Dieses Vehikel war dennoch spannend, jedenfalls interessierte es mich. Ich entsinne mich: Ich nahm es zur Hand und versuchte, es gefügig zu machen. Der Garten der Familie H. war der rechte Übungsplatz. Aber nicht das Fahrrad, ich musste lernen mit ihm umzugehen. Besondere Schwierigkeiten hatte ich dadurch, dass ich die rechte Pedale nur erreichte, wenn ich mein Bein unter der Querstange des Herrenrades durchsteckte und in dieser schrägen Haltung die Balance zu halten lernen musste. Oft bin ich dabei auf dem Boden gelandet. Aber irgendwann ging es – mit jedem Versuch ein bisschen besser. Dann endlich fühlte ich mich dem Rad gewachsen und fuhr im Garten dutzende Male auf und ab (längste Strecke vielleicht 20 Meter). Das machte mich stolz und mutig. Ich wollte gar nicht mehr aufhören. Als Vater wieder mal nach Jever zum Arbeitsamt musste – natürlich per Rad, er hatte sich auch eins zusammenmontiert – wollte ich unbedingt mit. Vater ließ mich gewähren. Ich fuhr mit. Doch nach 500 Metern – kurz vor dem Ortsausgangsschild – war Schluss. Da konnte ich nicht mehr. Für Vater war das von vorneherein klar – ich sollte aber meine Erfahrung selbst machen.

Eine Besonderheit waren die durchfahrenden Militärkonvois – Engländer. Die Soldaten waren nett zu uns und schenkten uns schon mal Kekse oder Schokolade.

Die Schulausflüge – auf geschmückten Pferdewagen, gezogen von gestriegelten hübschen Pferden – führten hinaus in die Natur oder gar bis Jever. Die Bauern waren also auch nett und verständnisvoll. Sie nahmen sich Zeit für die Kinder. Und wir fühlten uns glücklich. Das Jeversche Schloss mit seinem tollen Schlosspark habe ich oft vor Augen, weil ich es als Schulkind besichtigen konnte. Da gab es einen unterirdischen Gang. Vom Schloss aus konnte man durch einen finsteren Schacht das Gebäude verlassen. Ich war zu ängstlich und bin lieber den ordentlichen Weg gegangen. Egal: Das Schloss hat mir so gefallen, dass ich es in den letzten Jahren immer mal wieder aufgesucht und den Schlosspark genossen habe.

Und: Hier in Ostfriesland habe ich das erste und einzige Mal gestohlen – richtig gestohlen, nicht nur «gefringst»! Mein Bruder und ich waren in den Ferien bei Onkel D. in Wittmundhafen zu Gast. Die Tante hat uns verwöhnt und mit allerlei Spielsachen spielen lassen. Sie hatte schöne

Sachen, wieso und woher, weiß ich nicht. Vielleicht waren es Bestände der Vorbesitzer. Am besten gefielen uns die Soldaten und Pferde – aus Blei gegossen. Damit spielten wir stundenlang. Und weil das so schön war, habe ich mir drei oder vier Figuren eingesteckt und heimlich mitgenommen. Gewissensbisse hatte ich sehr, sehr lange Zeit. Sie wurden verstärkt durch den Kommunionunterricht.

Unvergesslich waren die Feiern unserer ersten heiligen Kommunion, die mein älterer Bruder und ich mit Pfarrer Knauer in der historischen evangelisch-lutherischen Kirche zu Sillenstede feiern durften. Zuvor konnte ich meinen ersten und letzten Diebstahl beichten. Der Pfarrer hat wahrscheinlich geschmunzelt und mir Absolution erteilt. Also bin ich gut davon gekommen.

An meiner Erstkommunion hatte ich einen Wunsch frei. *«Was hättest du denn gerne für einen Kuchen?»*, fragte Mutter. Ich wünschte mir Zuckerkuchen: Hefekuchen mit Zucker bestreut. Und ich bekam ihn. Das war was!

Familie Paul Kay in Sillenstede

Das Elend riss nicht ab

Während im Siegerland – wo die Großeltern Franz und Maria Baumgart gelandet waren – die Industrie aufblühte und es genug Arbeitsmöglichkeiten gab, boten Friesland und das angrenzende Ostfriesland nichts. Unser fleißiger, talentierter Vater konnte allenfalls mal hier und da für ein «Butterbrot» aushelfen – ansonsten blieben die Aussichten trübe. Die einzige Pflicht: Der Weg zum Arbeitsamt, um sich immer wieder den Meldestempel einzuholen. Die Meldekarte des Arbeitsamtes aus dem Jahre 1948 mit den regelmäßigen Stempelaufdrucken als Beweis für die Einhaltung der Meldepflicht macht deutlich, dass jeder Besuch beim Arbeitsamt in einer bitteren Enttäuschung endete.

Großvater und Großmutter Baumgart kamen (1948) erstmals nach der Vertreibung zu Besuch nach Sillenstede – ein erstes herzliches, fröhliches Wiedersehen nach langer Zeit. Mutters Eltern sahen unsere Not und verglichen die Verhältnisse mit dem Siegerland. In Süd-westfalen gab es Arbeit in Hülle und Fülle. Gemeinsam wurde beschlossen, einen Antrag auf Umsiedlung ins Siegerland zu stellen, um endlich der Arbeitslosigkeit zu entfliehen.

Gesagt – getan. Gleichwohl: Das war nicht so leicht; wohin wir umsiedeln durften, bestimmten die Besatzungsmächte; denn Deutschland war noch in vier Besatzungszonen eingeteilt.

Wir kamen nicht ins Siegerland, sondern in den Kreis Altenkirchen. In der britischen Besatzungszone war wohl kein Platz für uns. Die Militärregierung in der französischen Zone war bereit, uns aufzunehmen. Im Frühsommer 1950 war es dann doch soweit. Dem Antrag der Familie Kay auf Umsiedlung wurde entsprochen – wir sollten aber lediglich in die Nähe des Siegerlandes, nach Elkenroth im Westerwald, kommen.

Der Abschied aus Sillenstede war auch ein Abschied von lieb gewordenen Menschen. Die Familie H. – einst abweisend – war tief betroffen. Ihre letzten Worte unter Tränen hat unsere Mutter nie vergessen: *«... nun stehen sie bald wieder vor fremden Menschen, wie sie einst vor uns gestanden haben – und wie haben wir uns benommen»,* hatte Frau H. selbstkritisch, um Vergebung flehend, gesagt. Ein ergreifendes, bußfertiges Bekenntnis! Wie lange haben sie darunter gelitten. Jetzt, wo es ausgesprochen war, waren sie wohl erleichtert.

Mutter hat ihnen nichts nachgetragen. Sie wusste, dass es auch für diese Menschen in der Nachkriegszeit nicht leicht war. Die freundschaftliche Beziehung blieb noch viele Jahre bestehen. Oft erreichten uns kleine Päckchen aus Sillenstede: mit Trockenobst und einem Brief voller lieber Worte. Mein Bruder Karl-Heinz hat sie mit seiner Familie 20 Jahre später nochmal besucht. Die Freude der inzwischen alten Leute war offensichtlich groß.

In Elkenroth

Über Altenkirchen ging die Reise mit unseren wenigen Habseligkeiten (mit Stahlbetten, Militärspinden, selbstgefertigtem Tisch, alten Stühlen, Strohsäcken, ein bisschen Geschirr und den wenigen Kleidern) nach Elkenroth im Westerwald.

Elkenroth im Westerwald

In einem fremden Dorf waren wir angekommen, begleitet von der Sorge, dass wir – wie einst in Sillenstede – wieder als Fremde und als Eindringlinge abgewiesen oder gemieden werden könnten. Aber es war anders. Weil sich Vater bei irgendeiner Gelegenheit geäußert hatte, er wolle in ein katholisches Dorf und der Elkenrother Pfarrer Robert M. von dieser Äußerung gehört hatte, nahm er uns im Pfarrhaus auf. Im dritten Stockwerk – unter dem Dach – bekamen wir eine Drei-Zimmer-Wohnung.

Fünf Jahre nach Kriegsende hatten sich die Verhältnisse stabilisiert. Rheinland-Pfalz (französische Besatzungszone) hatte im Verhältnis zu anderen Ländern wesentlich weniger Vertriebene aufgenommen. Entsprechend war die öffentliche Meinung nicht abweisend, auch wenn wir einen ganz anderen Dialekt sprachen und wir die einheimischen Kinder erst nur sehr schlecht verstanden. Ihr Plattdeutsch war für uns anfangs eine Fremdsprache.

Die ursprüngliche Besorgnis, dass wir vielleicht nicht willkommen sind, war unbegründet. Letzte Bedenken hatten sich schnell gelegt; denn da waren Nachbarn, die uns ein erstes Lächeln schenkten und uns erste liebe Worte gönnten. Gute Menschen kamen auf uns zu. Sie ließen uns spüren, dass wir jetzt «dazu gehören». Sie gaben uns das Gefühl, Menschen zu sein.

Vor allem zu nennen ist die Familie Josef Schupp. Sie wohnte gleich unterhalb des Pfarrhauses. Zu nennen sind auch der Bürgermeister namens Brenner und viele andere.

Besonderer Dank gebührt unauslöschlich unserem Lehrer Hermann Heyermann. Er war aus Köln; seine Eltern waren ausgebombt. Er musste sich nach dem Krieg als ehemaliger Soldat auch durchschlagen und kam als

Fremder in das Dorf. So hat er selbst Heimatlosigkeit und Ablehnung kennen gelernt. Neben seiner Herzensgüte und seiner tiefen Frömmigkeit war wohl die eigene Erfahrung ein Motiv für die verständnisvolle, fürsorgliche Begleitung.

Die Liebe der Nächsten, die wir erfahren haben, glich manches aus – sie bleibt uns unvergessen!

Das ehemalige Pfarrhaus (Foto aus dem Jahr 2005)

Die Wohnverhältnisse im Elkenrother Pfarrhaus hatten sich im Vergleich mit Sillenstede nicht wesentlich verbessert. Drei Zimmer in diesem großen Haus für einen Sechs-Personen-Haushalt gestand uns der Pfarrer zu, obgleich fast 2/3 der Räume in der oberen Etage unbewohnt waren und als Lager für allerlei (teils ungebrauchte oder unbrauchbare) Utensilien dienten. In der Küche (2 mal 4 Meter groß) spielte sich das Familienleben ab. Hier wurde gekocht, geflickt, gelernt, gebastelt und gespielt. Einen Wasserhahn und einen Ausguss gab es auch – auf dem Flur.

Die Eltern hatten ein gleich großes Schlafzimmer; an der einen Seite Platz für die Stahlrahmenbetten (Kopf an Kopf gestellt), auf der anderen Seite zwei Soldatenspinde. So blieb in der Mitte noch ein Durchgang bis zum Fenster.

Wir vier Kinder lebten in einem etwa vier mal vier Meter großen Raum, zur Hälfte mit schrägem Dach und einem kleinen Fenster, einer Gaupe – schulterbreit, durch das man auf einem Stuhl stehend nach draußen schauen konnte. In der Mitte des Raumes stand, so als würde das Dach gestützt, ein Schornstein.

Die tiefste Stelle der schrägen Decke hatte Vater als Abstellmöglichkeit etwas abgetrennt. Davor und auf der gegenüberliegenden Seite standen je zwei Stahlrahmenbetten (aus der Sillensteder Militärkaserne), Kopf an Kopf. Jedes Kind hatte sein Bett und fand zunächst auf Strohsäcken eine Ruhestätte. Immerhin blieb in der Mitte etwas Raum für einen Tisch und Stühle.

Im Winter aber wurde die Stube zum Gefrierschrank. Die nicht selten niedrigen Temperaturen im hohen Westerwald bewirkten, dass der Atem an der Decke gefror. Um dann ein bisschen mollige Wärme zu erfahren, hatte uns Mutter oft im Backofen aufgewärmte Ziegelsteine ins Bett gelegt.

Damit die offen liegenden Wasserleitungen im Kellerdurchgang und in der Toilette nicht zufroren, musste Vater sie mit Stroh umwickeln. Aus Sparsamkeitsgründen hatte Vater einen Transformator gebaut und eine kleine drei oder sechs Volt Birne im Flur aufgehängt. Das Licht reichte zur Orientierung. Schlimm war es, wenn der Wind aus einer ungünstigen Richtung blies. Dann zog der Schornstein erst, wenn er warm war. Die Folge: Aus der Küche wurde für einige Zeit oft eine Räucherkammer.

Alle drei Wochen stand uns die Waschküche im Pfarrhaus zur Verfügung. Am Tag zuvor hieß es: Wäsche einweichen; am nächsten Tag dann: Wäsche vorkochen, kochen, auf dem Waschbrett sauber reiben, spülen, aufhängen, trocknen lassen.

Vier Kinder und zwei Erwachsene hinterließen regelmäßig einen beachtlichen Berg Wäsche. Der Arbeitstag der Mutter begann dann entsprechend früh morgens und endete spät am Abend mit totaler Erschöpfung – auch wenn die Mädchen tüchtig mitwirkten. Ein Waschtag war ein Schwerstarbeitstag.

Mutter musste viel Geduld aufbringen – Entspannung, Selbstfindung, Besinnung und Ruhe blieben weiterhin weitgehend große Unbekannte!

Im Keller stand uns zunächst ein schöner Raum zur Verfügung, in dem die Eltern sogleich Hühner hielten. Lange konnten wir ihn nicht nutzen, bald schon beanspruchten ihn die Schwestern des Pfarrers. Wir bekamen ein größeres Gelass nebenan; es war ein Kabuff, dunkel, feucht, muffig, mulmig; ein Verließ, in dem sich nur Ratten und Mäuse wohl fühlen konnten. Auch daraus machten die Eltern das Beste. Im vorderen Teil konnten die Hühner noch so vor sich hin vegetieren und überleben, weil sich draußen die Möglichkeit eines von Vater gebauten eingezäunten Auslaufs bot. Immerhin legten sie uns auch hier noch das eine oder andere Ei. Bald aber war es auch damit vorbei; denn der Pfarrer benötigte unseren Hühnerhof, um dort eine Garage für sein neues Auto errichten zu können (zu seiner Ehrenrettung: einen anderen Platz gab es tatsächlich nicht). Damit war es mit der Hühnerhaltung vorbei.

Lebensmittel aus Caritas-Paketen, die in unregelmäßigen Abständen zur Weitergabe an notleidende Menschen im Pfarrhaus eingingen und im Versammlungsraum (einem kleinen Saal im Erdgeschoss, gleich gegenüber dem Haupteingang; es war wohl früher eine kleine Kapelle) zwischengelagert wurden, erreichten uns nicht. Wir fragten uns, ob es wirklich noch größere Not im Dorf gab. Hunger und Enthaltsamkeit verfolgten uns auch in den hohen Westerwald.

Unser Elend sah der Pfarrer nicht. Es war leider – auch im Pfarrhaus – nicht immer nur schön. Und doch ertrug er in seiner Wohnung gleich unter uns den Lärm, den wir Kinder nicht selten machten.

In der Wunschvorstellung unserer Eltern sollte auch Elkenroth nur eine weitere Zwischenstation auf dem Weg zurück nach Tempelfeld sein. Als Zeugnis dafür, dass Vater fest daran glaubte, bald wieder nach Hause zu kommen, schleppte er eine Rolle zweiadriges Kabel mit, das er auf dem Militärflugplatz in Wittmundhafen gefunden hatte. Immer war er gedanklich bei seinem Hof und überlegte, was alles zu erneuern, zu verbessern, zu modernisieren sei.

Keine Chance

Hatten die Eltern jedoch gehofft, mit der Umsiedlung nach Elkenroth der friesischen Armseligkeit entflohen zu sein, wurden sie alsbald eines Besseren belehrt – auch hier wurde Vater durch Arbeitslosigkeit gedemütigt. Es gab nichts.

Das Siegerland war vom Westerwalddorf aus nicht ohne weiteres erreichbar. Die Züge (der erste fuhr frühmorgens um 4.50 Uhr von Elkenroth ab) brauchten zu lange, um rechtzeitig eine Arbeitsstelle zu erreichen (die Fabriken begannen um 6.00 Uhr; im Siegerland kam man jedoch mit öffentlichen Verkehrsmitteln frühestens kurz vor 7.00 Uhr an). Also hieß es wieder: Stempeln gehen! Jetzt in Betzdorf – das war vorerst der einzige Unterschied zu Sillenstede.

Um die größte Not zu lindern, durften wir uns auf einem ausgebombten Grundstück einen Garten anlegen. Vater half bei Kleinbauern aus. Bescheiden, ohne Forderungen zu stellen, stand er ihnen hilfreich zur Seite und hoffte darauf, dass er gerecht entlohnt wird. Die Enttäuschung war manchmal groß. In einem Fall hatte er den ganzen Tag für eine Kanne Milch (!) gearbeitet – nebenan, bei der Kleinbäuerin Lina.

Um den Haushalt zu entlasten, musste ich nach Schulschluss bei Bauern aushelfen. Bei der Familie Cosmas A. habe ich – erst 11 Jahre alt – auf dem Felde mitgewirkt, Vieh gefüttert, Heu gewendet, Kühe gehütet, Korn und Kartoffeln geerntet und so weiter. Das machte auch Spaß; denn der Bauer besaß ein schönes Pferd. Das durfte ich es auch schon mal vom Leiterwagen aus zügeln oder mit ihm Felder eggen. Mit dem Gaul habe ich vorerst unter Beaufsichtigung durch den Bauern gefällte Bäume aus dem Wald geschleppt und andere Arbeiten erledigen dürfen. Auch die Fütterung der Tiere im Stall bekam ich anvertraut.

Es war eine schwere Zeit – aber erträglich; denn fast jedes Kind im Dorf musste arbeiten. Die Last wurde durch die liebe, nette Wesensart des Cosmas A. gelindert – leider nur durch seine. Weil die anderen weniger nett waren, wechselte ich die «Arbeitsstelle» zu dem Bauern Vincenz M.. Hier half ich in freundlicher Atmosphäre bis zum Ende meiner Schulpflicht. So war ich schon mal aus der Kost und bekam wöchentlich eine D-Mark.

Unsere Schwestern übernahmen über Jahre die Pflichten als Kindermädchen und bekamen so schon mal ein Stück Brot. Es war unsere kindliche Pflicht, zum Wohl und zur Entlastung der Familie beizutragen.

Schließlich durften wir ein Stück Land, ein richtiges Feld, bewirtschaften. Vater baute Kartoffeln und Gemüse an. Mit dem Spaten natürlich – in Handarbeit. Im Sommer hieß es dann: Kartoffelkäfer auflesen.

Es ging nun schon ein bisschen besser als in Sillenstede; doch der Teufelskreis «Arbeitslosigkeit» war wieder geschlossen. So konnte es nicht weiter gehen.

Wo finde ich Arbeit?

Die Frage quälte Vater und Mutter unentwegt. Dann endlich ein Hoffnungsschimmer: Der gutherzige Dorfschullehrer Hermann H. sah unsere Not. In seiner liebevollen Art nahm er Kontakt zu einem mit ihm befreundeten Betriebsleiter der Dreisbacherhütte (zwischen Betzdorf und Daaden im Kreis Altenkirchen gelegen) auf und bedrängte ihn beharrlich, unseren Vater zu beschäftigen. Nun hatte Vater eine Arbeitsstelle gefunden – eine schwere Tätigkeit, direkt am Hochofen.

Die Hütte war zeitlich (nur) mit dem Fahrrad zu erreichen. Vorbei am Kausener Steinbruch über Waldwege fand Vater sein Ziel. Am 24.10.1950 war die erste Schicht; eine körperlich viel zu anstrengende, kräftezehrende Tätigkeit für einen durch Kriegselend und jahrelange bittere Not geschwächten Menschen. Nach getaner Arbeit hatte er völlig erschöpft das Fahrrad über weite Strecken wieder durch den Wald steil bergauf zu schieben. Vater nahm es auf sich – für uns.

Es ging eine Zeit lang gut. Im Winter aber wurde er vom Schnee überrascht und musste das Rad nach Hause tragen. Die Arbeitsstelle war im Winterhalbjahr nicht mehr erreichbar. Vater musste passen, nach nicht ganz zwei Monaten war am 12.12.1950 die letzte Schicht. Wieder Arbeitslosigkeit.

Großvater Franz Baumgart ging im Siegerland für ihn auf Arbeitsuche und fand tatsächlich ein Unternehmen, das erst morgens um 07.00 Uhr begann. Im Juni 1951 konnte Vater in der Schlosserei und Reparaturwerkstätte Fritz Kilian in Klafeld-Geisweid, einem Subunternehmer in den Stahlwerken Süd-Westfalen, anfangen. Das Glück schien groß; allerdings nur bis Februar 1954. Der Betrieb wurde geschlossen; das Arbeitsverhältnis war beendet.

In Iserlohn wohnte Vaters älteste Schwester Marta, ein herzensguter Mensch. In ihrer Region gab es viel zu tun. Also machte sie ihm (getragen von der Vorstellung, dass wir dorthin umziehen könnten) das Angebot, für ihn eine Arbeitsstelle zu suchen, dort zu arbeiten und während der Woche bei ihr (in einer kleinen Kammer der ohnehin kleinen Wohnung) Quartier zu beziehen. Bei der Firma August Röttgers in Grüne bei Iserlohn fand sie eine Stelle. Am 1.4.1954 trat Vater seine Arbeit an. Er nahm es in Kauf, auf dem Fußboden in der kleinen Wohnung der Schwester zu schlafen. Wichtig war ihm ein «Dach über dem Kopf». Schutz vor Wind und Wetter genügten ihm. Die neuerliche schmerzliche Trennung nahmen Vater und Mutter hin.

Kaum war das Arbeitsverhältnis besiegelt, gab es Schwierigkeiten. Dem Wohnungsgeber gefiel das «Untermietverhältnis» nicht, dazu war Vater auch noch ein Fremder, ein Vertriebener, der einen ungewohnten, anderen Dialekt sprach. Der Hauseigentümer wies den «minderwertigen» Fremdling aus dem Haus. Noch nicht einmal ein Parasitenleben war unserem Vater gegönnt. Er musste zum 31.12.1954 gehen – wieder vertrieben, kam er zurück nach Elkenroth.

Erneut setzten ihm Kummer, Sorgen, Ruhe- und Ratlosigkeit zu. Und die Mutter trug alles still in ihrem Herzen. Da war aber wieder Großvater Franz Baumgart, der in der zu verzweifelnden Situation Hilfestellung leistete. Er sprach unverzüglich bei der Siegener Aktiengesellschaft (SAG) in Klafeld-Geisweid vor, Papa konnte schon am 5.1.1955 in der Verzinkerei des Werkes anfangen und bei Großvater und Großmutter in deren Zwei-Zimmer-Wohnung Quartier beziehen. Obgleich auch hier nur eine Schlafstätte auf dem Fußboden der Küche möglich war, nahmen er und die Großeltern die Belastung zu unserem Wohl auf sich.

Die Tätigkeit in der Verzinkerei war eine sehr belastende, körperlich sehr anstrengende Arbeit, die er unter ungünstigsten Bedingungen zu leisten hatte. Die Dämpfe der Zinkbäder machten ihm zu schaffen. Das aber war ihm egal – die Familie war zu ernähren. Jetzt hatten wir ein geregeltes Einkommen – es ging langsam bergauf.

Was ein Mutterherz erträgt

Während sich Vater auswärts mühte, sorgte sich Mutter um uns, bestellte Garten und Feld und ging schließlich auch noch «hausieren». Die Firma Gustav K. aus Wahlbach, Kreis Siegen, vertrieb Schuhcreme, Lederfette, Bürsten und andere Haushaltsartikel. Für sie durfte Mutter alle zwei Monate im Dorf Bestellungen aufnehmen und die Ware später austragen. Letzteres übernahmen zur Entlastung der Mutter meist meine Schwestern. Und wenn sie dann 40 oder 50 DM Gewinn erzielt hatte und Vater davon berichten konnte, war die Freude bei beiden groß. Jeder Pfennig wurde gespart.

Die Arbeit, die eine Mutter in früherer Zeit zu leisten hatte, ist kaum noch nachvollziehbar. Sie ist vielleicht zu ermessen, wenn man Elektro- oder Gasherd, Kaffeemaschine, Waschmaschine, Wäschetrockner, elektrisches Bügeleisen, Mikrowelle, Küchenmaschine, Staubsauger, Kühlschrank, Gefriertruhe, Zentralheizung, Tiefkühlkost und Fertiggerichte, moderne Reinigungsmittel, heißes Wasser aus der Leitung und viele andere, heute geläufige unverzichtbare Hilfsmittel, wegdenkt. Aber selbst dann ist man der Realität kaum nahe. Mutter hat es geleistet.

Trotz der bescheidenen Lebensverhältnisse waren die Jahre in Elkenroth für uns Kinder eine gute, ein schöne, eine wichtige Zeit. Die Arbeit beim Bauern war zu ertragen. Mir machte das zudem deshalb Spaß, weil meine «Arbeitgeber» Pferde hatten. Wenn ich anspannen und das Pferd zügeln konnte, fühlte ich mich wie unser Vater einst zu Hause in Tempelfeld.

Zeit zum Spielen war auch geblieben. Armut verlangt Phantasie: So zum Beispiel spielten Karl-Heinz und ich manchmal mit bunten Bohnen. Je nach Färbung waren die einen Pferde, die anderen Kühe und so weiter. Und Streichhölzer legten wir zu Haus- und Hofgrundrissen zusammen.

Fußball spielte eine ganz große Rolle im Dorf. Meist war die Kreuzung in der Dorfmitte (Autos waren selten) unser Spielplatz. Blechdosen oder Lumpenbälle, später auch Gummibälle, dienten als Sportgerät. Als uns einmal ein Ball in den Garten eines Bauern flog, kletterte ich über den Zaun und bekam die Peitsche zu spüren. Blutigen Striemen im Gesicht zeugten von der üblen Tat. Weil der zuständige Polizist Untermieter im Haus des Täters war, hielt er sich auch zurück und sah über die gefährliche Körperverletzung hinweg. Was war das schon: Ein Kind – sogar mit Peitsche – zu prügeln.

Auf dem Sportplatz war oft was los. Mitgerissen von der Dorfjugend begeisterte ich mich auch für den Sport und trat so oft ich konnte gegen den Ball (oder auch vorbei – im Umgang mit dem runden Objekt tat ich mich sehr schwer; anders ausgedrückt: Ich war kein Fußballer). Und doch war ich jeden zweiten Sonntag auf dem Sportplatz, um der 1. Mannschaft des Fußballclubs Hildburg Elkenroth zuzusehen.

Im Winter fanden wir bei Eis und Schnee unser Vergnügen. In den schneereichen Wochen trafen sich die Kinder aus dem ganzen Dorf zum Schlittenfahren und Schlittschuhlaufen. Es war eine Freude, auf der von Betzdorf kommenden Hauptstraße den Winterberg hinab oder ins Elbbachtal hinein zu rasen. Schlittschuhe hatte ich keine – sie lieh mir ein netter Freund: Wolfgang Arndt. Schlitten hatten uns die Nachbarn S. geliehen oder wir wurden von Freunden mitgenommen. Mutter ließ uns immer den nötigen Freiraum und war glücklich, wenn wir froh waren.

Die schulischen Anforderungen waren zu bewältigen. Verständnisvolle, tüchtige Lehrer (wie z.B. Lehrer Hermann Heyermann und Lehrer Seidel, beide hervorragende Pädagogen) führten uns durch die Zeit und gaben uns die Grundbedingungen mit auf den Weg, die für die fernere Lebensgestaltung nötig waren. Leider war an eine höhere Schulausbildung nicht zu denken. Das seiner Zeit noch erforderliche Schulgeld in Höhe von 40 DM und dazu die Fahrkosten (mindestens nach Betzdorf) konnten unsere Eltern nicht aufbringen. So verharrten wir in der

Volksschule, die uns gleichwohl eine (im Maßstab zur Gegenwart) beachtliche Allgemeinbildung vermittelte.

In religiöser Hinsicht waren wir eng angebunden an die katholische Kirchengemeinde. Nicht nur der Wohnsitz beim Pfarrer, sondern auch die religiöse Erziehung in der Schule, der Einfluss der Eltern und das katholische Umfeld erforderten Engagement als Messdiener und Lektor. Wer dort nicht Messdiener war, galt als Außenseiter. Der Gottesdienstbesuch war in dem Dorfe Pflicht – alle Tage und selbstverständlich an Sonn- und Feiertagen. Die soziale Kontrolle in der Gemeinschaft sicherte das Engagement eines jeden einzelnen.

Das jährliche Fronleichnamsfest war ein Hochfest im Dorfe, an dem wir als Messdiener teilnehmen durften. Das ganze Dorf (jedenfalls der weite Prozessionsweg) war geschmückt mit Birkenzweigen, Blumenteppichen und Fahnen. Am schönsten war es, wenn man Glöckner sein durfte. Dazu hatte man oben im Turm der Kirche Position zu beziehen, den Fortgang der Prozession zu beobachten und Signal zum Läuten zu geben. Das machte Spaß.

Inzwischen ist uns ein neuer Stern aufgegangen. Im März 1954 kam der dritte Sohn (das fünfte Kind) der Familie Paul Kay zur Welt und wurde auf den Namen Hans Josef getauft. Der freundliche, lebendige, liebenswerte Knabe verschönerte unser Leben.

Die Zeit verging.

Karl-Heinz hatte im Herbst 1953 seine Schulpflicht erfüllt. Er hatte Glück und bekam sogleich eine Lehrstelle als Buchdrucker und Buchbinder. Mit dem Zug – der Westerwaldbahn und anschließend der Bundesbahn – erreichte er den Ausbildungsort pünktlich.

Ein Jahr später (im Herbst 1954) wurde ich aus der Schule entlassen. Ausbildungsplätze (Lehrstellen) waren äußerst knapp. Alle Schüler aus den Dörfern im Westerwald drängten in Richtung der wenigen Industriebetriebe im Raum Betzdorf (Siegen schied aus zeitlichen Gründen meist aus). Auch mir war das Schicksal hold.

Die Lokomotivfabrik Arnold Jung in Kirchen stellte 50 Lehrlinge ein. Von mehr als 500 Bewerbern wurden 50 ausgesucht – ich war nach abgelegter Aufnahmeprüfung dabei und durfte eine Lehre im Bereich der Zerspanungsmechanik antreten.

Die Lehrzeit war streng (morgens 4.00 Uhr aufstehen, Zugabfahrt um 4.45 Uhr, Rückkehr nachmittags 16.45 Uhr). Ganz unangenehm war es, wenn im Winter der kalte Wind über den Höhen des Westerwaldes pfiff und Schneeflocken vor sich her trieb. Dann war nicht nur der Weg zum Bahnhof eine Tortur. Auch die Bahnwagen waren eiskalt (der Zug wurde kurz vor Abfahrttermin eingesetzt). Erst wenn man den Zielort fast erreicht hatte, wurde es wärmer.

Am Samstagnachmittag zwischen 13.00 und 19.00 Uhr musste ich zur Berufsschule. Im Sommerhalbjahr erreichte man die Schule in Kirchen mit dem Fahrrad. Im Winterhalbjahr fuhr nach 19.00 Uhr kein Zug und kein Bus mehr nach Elkenroth. Also war ein Teil der Strecke (ab Steineroth) zu Fuß zu bewältigen. Die Frage, ob das alles zumutbar war, stellte zu dieser Zeit niemand.

Die Lehrmeister waren in Ordnung. Die Berufsschullehrer aber stellten hohe Anforderungen. Es war ganz schwierig mitzukommen. Ihre pädagogische Unfähigkeit kompensierten sie mit Strenge und Distanz. Rückfragen führten zur Bloßstellung. Aber wir mussten da durch – koste es, was es wolle. Durch intensives Lernen war auch das zu bewältigen. Um mir zu helfen, hatten mir die Eltern zwei wertvolle Fachbücher gekauft. 90 DM hatten sie dafür auf den Tisch gelegt. Für die, die nur wenig hatten, eine unglaublich Summe. Deshalb wohl halte ich sie noch heute (fast 70 Jahre danach) in Ehren. Sie ergänzen mein überfülltes Bücheregal und werden mit mir Abschied nehmen von dieser Welt.

Mutter sah das alles und war zufrieden, denn wir gingen unseren Weg.

Der Schritt zum eigenen Heim

Seit 5.1.1955 arbeitete Vater in der SAG in Klafeld-Geisweid und lebte bei Großvater und Großmutter Baumgart.

Die Aussicht, jemals wieder nach Hause – nach Tempelfeld – zu kommen, wurde durch die politischen Entwicklungen immer aussichtsloser. Es deutete alles darauf hin, dass die Heimat nur noch in der Erinnerung und in der Seele weiterleben sollte. Der letzte Hoffnungsschimmer war erloschen. Also war eine Neuorientierung nötig. Ein Verweilen in Wünschen und Hoffnungen durfte es nicht geben.

Großvater Baumgart erfuhr davon, dass die Siedlungsgesellschaft des Amtes Weidenau in Klafeld-Geisweid, auf dem Berg, der «Wenscht» heißt, eine Siedlung errichten wird. Von ihm kam der Rat, dort mit zu bauen. Für unsere fast mittellosen, am Rande des Existenzminimums lebenden Eltern war der Erwerb eines Hauses ein unlösbar scheinendes Unterfangen. Allerdings war

Lastenausgleich im Gespräch. Tatsächlich sollten wir Lastenausgleich[28] bekommen. Wie es der Begriff schon aussagt, war es keine Entschädigung für den Verlust von Hab und Gut in Tempelfeld. Die Zahlungen aus dem Lastenausgleichsfond waren als Starthilfe gedacht. Immerhin machte die Aussicht auf Hilfe Mut. Großvater Baumgart sicherte seinerseits Unterstützung zu. Auch Vaters Schwester Martha aus Iserlohn, die uns immer wieder mal aus ihren Ersparnissen einen Geldschein hatte zukommen lassen, riet zum Bau des Hauses und signalisierte Hilfe. Sie tat, was sie konnte. Und so schlossen Vater und Mutter mit der Siedlungsgesellschaft einen Bauvertrag. Nun wurde die Zukunft jenseits aller Wünsche und Hoffnungen geplant. Wir sollten tatsächlich wieder eine eigene, schützendes «Burg» erhalten. Ein neues Heim stand in Aussicht. Für uns, besonders für die Eltern, die mächtig herumgeschubst worden waren, sollte der Traum von einem kleinen Stück *Neue Heimat* in Erfüllung gehen.

Im Jahre 1956 wurde der Traum zur Wirklichkeit. In Klafeld-Geisweid wurden die Häuser (Reihenhäuser) in den Straßen Amsel-, Drossel-, Finken-, Staren-, Dachs-, Fuchs-, Hasen- und Rehweg bezugsfertig. Die Familie Kay bekam das Haus im Starenweg Nr. 4 zugelost; es war die neue Adresse unserer Eltern bis an ihr Ende.

---

[28] Der Lastenausgleich bewegte sich auf dem Niveau von allerhöchsten 0,5% des durch die Vertreibung verlorenen Hab- und Gutes, vgl. Andrea Kossert, a.a.O, S. 106.

Für uns hieß es wieder: Abschied nehmen von Freunden, Bekannten und lieb gewonnenen Menschen, Abschied nehmen von Elkenroth.

Am 16. Dezember 1956 zogen wir von Elkenroth nach Klafeld-Geisweid um. Auf einem Lastkraftwagen wurde unsere (immer noch dürftige) Habe verladen und an unsere neue Anschrift transportiert. Die Eltern hatten die Gegenwart und Zukunft gestaltet. Ein Traum war in Erfüllung gegangen.

Das neue Zuhause der Familie Kay in Klafeld-Geisweid

Ein solches Häuschen (siehe Foto) nannten wir nun unser Eigentum. Ein Haus mit Zentralheizung, fließendem Kalt- und Warmwasser, fünf Stuben plus Küche, zwei Kämmerchen, Keller und Speicher. Es war ein wirklicher Fortschritt. Wenn auch das Haus viel kleiner als unser Objekt in Schlesien war, war es andererseits schon viel moderner. In Schlesien wurde Zimmer für Zimmer gesondert beheizt, in der Regel mit wärmespeichernden Kachelöfen, hier hatte jedes Zimmer einen Heizkörper. Sie wurden erhitzt durch den Herd in der Küche. Das Haus besaß eine Schwerkraftheizung – das warme Wasser stieg in den Heizungsrohren auf, durchlief die Heizkörper und trieb das erkaltete Wasser in den Herd zurück. Wollte man es warm haben in den Stuben, war der Küchenherd gefordert. Das war ein wirklicher Fortschritt. Wunderbar – wer hatte das schon zu dieser Zeit? Das Glücksempfinden der Eltern war unendlich und unermesslich.

Der Einzug war beschwerlich. Noch gab es keine Straße; für kurze Zeit überall Lehm und Dreck, ausgefahrene, nasse, schlammige Zuwege. Aber was machte das schon. Die Freude auf das neue Eigenheim überwog alles. Und unser Vater musste nicht mehr bei den Schwiegereltern Quartier beziehen. Er konnte nun dauerhaft mit und bei seiner Familie leben und seine Arbeitsstelle zu Fuß erreichen. Jetzt konnten sie ihrem Leben eine Struktur geben.

Das erste Mal seit der Zeit in Tempelfeld konnten sich die Eltern einige Möbel kaufen. Das Gesparte reichte für die spärliche Einrichtung des kleinen Wohnzimmers und für ein gebrauchtes Schlafzimmer. Erst Zug um Zug wurden die anderen Räume besser ausgestattet. Wir hatten nun ein behagliches Heim.

«Jetzt haben wir es wieder schön», hatte Vater zu Mutter gesagt und sie herzlich in die Arme geschlossen. Was einem Leben Halt und Kontinuität verleiht, war erreicht. Haus, Besitz, ein eigenes kleines Fleckchen Erde und eine Erwerbsquelle zur Sicherung der Lebensbedingungen gaben wieder Halt. Es war zwar nicht die Heimat, aber ihr neues Zuhause. Der soziale Status hatte sich wesentlich gebessert. Die Eltern fanden zu einem neuen Wertgefühl und inmitten einer schlesischen Nachbarschaft[29] zu einer neuen Identität.

«Freude heißt die starke Feder
In der ewigen Natur.
Freude, Freude treibt die Räder
In der großen Weltenuhr ...,»

sagte Friedrich Schiller in seiner Hymne an die Freude. Und von Freude getragen gingen Mutter und Vater daran, das kleine Heim behaglich zu machen.

Das Sommerhalbjahr 1957 war ausgefüllt mit schwerer Arbeit. Abgesehen von den beruflichen Pflichten mussten Hof und Garten bestellt werden. Unverzagt, stets gut gelaunt und unermüdlich gingen Mutter und

---

[29] Schlesier in der direkten Nachbarschaft: Familie Wiedemann, Haus Nr. 2; Familie Aust, Haus Nr. 3; Familie Sabisch, Haus Nr. 5; Familie Wallusch, Haus Nr. 6. Oberhalb im Dachsweg lebten: Familie Glaubitz, Haus Nr. 4; Familie Martin, Haus Nr. 5. Zwar nicht aus Schlesien, sondern aus Polen vertrieben: Familie Dick-foss, Haus Nr. 6).

Vater ans Werk. Bald schon war auch der Garten in Mutters Sinne hergerichtet – ähnlich wie in Tempelfeld hatte sie sauber geordnet Beete angelegt und Salate, Möhren, Radieschen und auf dem kleinen Fleckchen Erde sogar Kartoffeln angebaut. Ein bisschen fühlte sie sich wieder wie in der Heimat.

Mutter Kay im Garten

Ich hatte inzwischen meine Lehre beendet und im Siegerland eine Arbeitsstelle gefunden. Die Fa.

Achenbach, ein weltweit vernetztes Unternehmen, in Kreuztal-Buschhütten (sie baut auch gegenwärtig noch hochmoderne, weltweit gefragte Walzwerke) hatte für mich Verwendung.

1957 zog noch mal das große Glück im Hause Kay ein. Im Oktober wurde das 6. Kind, ein Mädchen, geboren. Morgens kurz nach 6.00 Uhr kam es zur Welt. Es war ein wunderschöner Herbsttag; der Jahreszeit gemäß schon recht kühl. Nebel lag noch über den Tälern. Die Sonne ging auf, als ich von meiner Arbeit (ich hatte ausnahmsweise nachts arbeiten müssen) nach Hause kam. Und zu Hause war das Glück groß; denn auch hier war *«die Sonne»* aufgegangen.

Regina – unsere kleine Königin – avancierte zu unserem Star und erhellte das Alltagsgeschehen. Unser jüngster Bruder und die kleine Regina rückten nun in den Mittelpunkt.

Geregelte Verhältnisse

Nach Jahren der Ungewissheit hatten sich Vater und Mutter in einer jetzt wohlgeordneten Gegenwart gefunden. Wir natürlich auch. Jetzt endlich konnte auch die Familie Kay von einem konstanten Leben in geregelten Verhältnissen sprechen. Vater ging seiner Arbeit nach und sorgte für den Unterhalt. Wenn ihm darüber hinaus Garten, Haus und Haushalt Zeit ließen, konnte er sein Hobby pflegen. Basteln war seine liebste Freizeitbeschäftigung. Den rechten Platz dazu hatte er sich auf dem Speicher des kleinen Häuschens eingerichtet. Hier hat er gewerkelt, getüftelt und repariert. Er blieb unser Schuhmacher, Elektriker, Schreiner und anderes mehr – jahrelang.

Immer gegenwärtig blieb die Rückerinnerung an die Heimat. In froher Besinnung auf das, was mal seins war, bastelte Vater ein Modell seines Hofes in Tempelfeld.

Das Kay-Gut im Modell (gebastelt von Vater Kay im Jahr 1962)

Es folgte das maßstabgerechte und funktionstüchtige Modell seiner Dreschmaschine, angetrieben über einen selbst gebauten Transformator und Elektromotor mit Treibriemen, so wie es vor dem Kriege modern und üblich war. Die Modelle legten Zeugnis ab von seiner tief im Herzen grundgelegten Heimatliebe.

Um unser Haus herum war es mittlerweile schön geworden. Mutters Umsicht und Schaffenskraft hatten viel bewirkt; ob am Herd oder im Garten: Sie war unermüdlich.

Haus der Familie Kay im sommerlichen Glanz (1963)

Mutter Kay am Herd

Mutter Kay im Hof hinterm Haus

Und sie hatten ihr Plätzchen zum Ausruhen und zum Verweilen. Vor dem Haus hatte Vater eine Terrasse geschaffen, auf der eine Bank zum Platznehmen einlud. Besonders dann, wenn die Strahlen der wärmenden Sonne als himmlisches Geschenk ihre friedvolle Stimmung über die Siedlung legte, fanden beide glücklich zusammen.

Oft kamen die schlesischen Nachbarn hinzu. In den Gesprächen ging es überwiegend um die alte schlesische Heimat. Dass dabei auch groß aufgeschnitten wurde, ist mir nicht entgangen. Wenn eine Arbeiterfamilie vom Verlust eines großen Vermögens und von großem Grundbesitzes sprach, verschlug es mir die Sprache. Nicht alle waren Gutsbesitzer. Es gab auch in Schlesien viele arme Leute. Aber der Mensch ist mit der Gnade der Vergesslichkeit gesegnet; es bleibt die Erinnerung an das Schöne. Neben etwa 20 Großbauern in unserem Dorf lebten genug Helfers-Helfer, Handwerker und arme Familien, die ihr Dasein mühsam bestritten. Gleichwohl: Es waren die Stunden, in denen auch die Erinnerung ihren Platz hatte. Wehmut und Glück lagen gewiss dicht beieinander. Auffällig war, dass man über die durchgestandene Bedrohung und Gewalt, über Flucht und Vertreibung, über Hunger, Not und Gefahr, über die Verachtung, der man über Jahre ausgesetzt war, nicht sprach. Die Wunden in den verletzten Seelen wollte wohl keiner aufreißen. Erst im Hohen Alter berichtete Mutter oft und detailliert darüber und über ihre schweren seelischen Verletzungen.

Heimat- oder Vertriebenenverbänden sind die Eltern nicht beigetreten. Auch der Mitgliedsbeitrag musste gespart werden. Außerdem hielt Vater die Rückkehrillusionen der Vertriebenenfunktionäre für Phantasie; er wollte nicht mit den Themen wie «Schlesien ist Deutsch» belastet werden. Als Realist erkannte er schon früh, dass die Kriegsfolge endgültig ist – auch wenn ihn der Verlust der Heimat fortwährend schmerzte. Er sah auch, dass eine Rückkehr der Deutschen nach so vielen Jahren wieder die Vertreibung von vielen Menschen bedeutet hätte.

Die im Jahre 1959 erbaute, der Gottesmutter geweihte schöne Kirche im Klafeld-Geisweider Wenscht-Viertel wurde den Eltern ein vertrauter Ort. Hier hatten sie ihren festen Platz. In den Bankreihen hinten rechts sah man sie Sonntag für Sonntag, an Feiertagen und gar manchmal auch an Werktagen in stilles Gebet vertieft. Die vielen Schicksalsschläge hatten ihre Gottesliebe nicht geschmälert. Hier fanden sie immer wieder Trost in schwerer Zeit. Sie wussten Gott an ihrer Seite. Und wenn das schlesische Weihnachtslied *Transeamus*[30] oder das Kirchenlied *Großer Gott, wir loben Dich*[31] erklang, war sie wieder da, die feste Brücke zur Heimat. Dass sie nach Jahren der Ungewissheit in einer wohlgeordneten Gegenwart und Zukunft leben sollten, empfanden sie als Geschenk.

---

[30] komponiert vom Breslauer Domkapellmeister Josef Ignaz Schnabel.

[31] geschaffen von dem Breslauer Rektor des Priesterseminars Ignaz Franz.

Sparsamkeit und Enthaltsamkeit blieben das Prinzip bis an ihr Lebensende. Ich entsinne mich eines besonderen Ausspruchs von Mutter: «Ach heute ist Feiertag, heute essen wir mal Rama» statt Sanella (Rama war 3 oder 4 Pfennige teurer). Gute Butter als Brotaufstrich so wie einst in der Heimat war die absolute Ausnahme. Einmal habe ich meinem tüchtigen Vater ein halbes gegrilltes Hähnchen mitgebracht. Mit strahlenden Augen hat er gegessen und als die Hälfte weg war, sagte er: «Das hebe ich mir für morgen auf.» Sie hatten wenig und waren doch immer zufrieden.

In den 60er Jahren erreichten uns die auf den Seiten 59-60 abgebildeten Fotos von unserem Gehöft in Tempelfeld. Mehr als 15 Jahre waren seit der Vertreibung vergangen. Was in den Eltern angesichts der Bilder vorging, weiß ich nicht zu sagen – vorstellbar aber ist es schon.

Vater und Mutter:

- Sie hätten gewiss auch gern mal den Kölner Dom bewundert.
- Sie wären sicher auch gern mal in die Alpen gefahren.
- Sie wären auch gern mal am Bodensee spazieren gegangen.
- Sie hätten gewiss auch gern mal ein Theater besucht.

Alles das und vieles andere war ihnen verwehrt. Sie haben ihr Kreuz geduldig getragen. Urlaub im modernen Sinne gönnten sie sich nicht. Uns ließen die Eltern äußerst großzügig unseren Freiraum. Das verdiente Geld konnten wir bis auf einen kleinen Anteil an der Kost behalten. Wir sollten mit dem Geld umzugehen lernen. Ihrer Großzügigkeit verdanke ich es, dass ich schon bald (als erster unter den Jugendlichen im Wohngebiet) ein Moped (eine NSU-Quickly) besaß und 1959 schon mit einem Motorrad (BMW) durch die Gegend fuhr.

Von dem neuen Zuhause aus starteten wir ins Leben – mitgenommen von der Entschlossenheit und ungeheuren Leistungsbereitschaft, von der durch Fleiß, Leistungswillen, Schaffensdrang, Rechtschaffenheit, Pflichttreue und Sparsamkeit aller von den Kriegsfolgen geschundenen Menschen und dem ungeheuren Optimismus, der sie beflügelte. Von hier aus strebten wir in eine gesicherte Zukunft.

Und Mutter und Vater? Sie hatten noch zwei Kinder zu versorgen und mussten mit dem geringen Einkommen auskommen, das der einst vermögende Vater nun als Hilfskraft in einem Industriebetrieb erwirtschaften konnte. Verbittert waren sie nicht – im Gegenteil. In ihrem neuen Zuhause waren sie wieder zufrieden. Ihre Heimaterinnerung, ihr Heimatbild trugen sie im Herzen. Bei jeder Gelegenheit, bei jedem Besuch erzählten sie aus vergangenen Zeiten und von der schönen Heimat Schlesien.

Was ist Heimat?

Heimat ist ein Grund- und Ursprungsprinzip unseres Seins», sagte Thoma von Aquin. *«Das Stückchen Erde, auf dem der Mensch die Welt betreten hat, bleibt normativ für sein ganzes Leben. Seine Seele als unbeschriebene Tafel wurde hier unauslöschlich zum ersten Mal beschrieben mit dem, was wir schlicht Welterfahrung nennen. Alle späteren Begegnungen mit der Welt und ihren Geschicken wird der Mensch unbewusst auf dem Hintergrund der ersten Erfahrungsfolie bewältigen, und die nennen wir Heimat»*, sagte der ehemalige Kardinal Meisner, Erzbischof von Köln.[32] *«Heimat ist nicht der Ort, wo wir leben und glücklich sind. Heimat ist vielmehr das sorgsam bewahrte Bild von dem Ort auf der Erde, wo wir als Kinder begannen, die Umwelt*

[32] Vgl. Joachim Meisner, «Der Mensch braucht zu seiner Identität die Heimat» in: Kirche im Dienst schlesischer Menschen, Münster 1998, S. 75 ff.

zu entdecken, wo sich erste Empfindungen, Geborgenheit, frühe Eindrücke und Sprache in Kopf und Seele verankert haben», meint Peter Pragal.[33] Die prägenden Erinnerungen der Kindheit sind grundlegend für das Heimatbild.

Mutter und Vater haben ihr junges Leben in Tempelfeld, dem Ort, aus dem sie vertrieben wurden, verbracht. Das war ihre Heimat – und ist meine Heimat. *«Es gehört zum Menschen, die Heimat zu lieben. Es tut weh, die Heimat zu verlieren. Es tut doppelt weh, wenn Menschen aus der Heimat vertrieben werden»,* betont Dr. Reinhard Lettmann, Bischof von Münster.[34] Dass das immer so war, hat vor 2.400 Jahren Euripides (486-406 vor Christus) schon festgestellt: *«Der Leiden gibt es kein Größeres, als des väterlichen Landes beraubt zu sein»,* und Fjodor Dostojewski schrieb am 28.8.1867 *«Ohne Heimat sein, heißt leiden!»*

Der deutsch-amerikanische Politikwissenschaftler und Historiker jüdischer Konfession, Fritz Stern, der im Jahre 1938 seine Heimatstadt Breslau verlassen und in die USA flüchten musste, antwortete auf die Frage, was ihm bei dem Wort «Heimat» einfällt, mit einem Wort: «Heimatlos».

---

[33] Vgl. Peter Pragal, Wir sehen uns wieder, mein Schlesierland, München 2012.

[34] Vgl. Reinhard Lettmann, Kirche im Dienst schlesischer Menschen, Münster 1998, S. 38.

Vor dem Hintergrund all dessen ist es geradezu zwangsläufig, wenn Mutter noch 44 Jahre nach der Vertreibung (kurz vor ihrem Tod) fröhlich und traurig zugleich von ihrem Leben in Tempelfeld erzählt hat. Und sie erzählte gern und immer wieder von zu Hause und davon, wie es einstmals war. Alles das meldete sich bei Mutter und Vater oft zurück in Bildern, Träumen, Worten und Gesten, bis sie die Erinnerungen schließlich mit ins Grab nahmen (Vater starb im Jahre 1972 im Alter von 70 Jahren an einer schweren Krankheit, Mutter lebte bis ins 90. Lebensjahr in ihrem kleinen Haus).

Und was ist uns geblieben?

Die Erinnerung und ein letzter Rest schlesische Mundart, ein Teil der schlesischen Kultur und Herkunft! Ganz wenig, und doch ist er da, der Dialekt, wie er von Vater und Mutter gesprochen wurde. Obwohl wir mit der friesischen Mundart, dem westerwälder Provinzidiom und schließlich mit dem dominierenden siegerländer Dialekt konfrontiert wurden und wir heute auch als Siegerländer erkannt werden, ist ein wenig vom typisch Niederschlesischen erhalten geblieben, ein schlesischer Slang ist nicht ganz zu überhören. Wenn ich meinen Bruder sprechen höre, dann erklingt zum Beispiel in dem Wort «geben» nicht ein betontes «e» sondern eher ein «ä» – so wie «gäben». Ein Dialekt verbindet Menschen, ob sie es wollen oder nicht.

Dass wir – wie Kardinal Meisner sagte – *«alle späteren Begegnungen mit der Welt und ihren Geschicken unbewusst auf dem Hintergrund der ersten Erfahrungsfolie bewältigen»*, schlägt sich auch in meinem Unterbewusstsein immer wieder nieder. Es ist seltsam, dass ich mich noch an so vieles erinnere; Ursachen dafür habe ich im Vorwort erwähnt. Und Jahr für Jahr vertiefte sich in meiner Seele das Bild der Heimat.

Das Bild von meiner Heimat hat weder das interessante Friesland, der beeindruckende Westerwald, das hübsche Siegerland noch das schöne Sauerland verdrängt. Allgegenwärtig sind auch die visuellen und akustischen Aufnahmen wie:

- Das Lied der Frösche, die einst im Schilf am Ufer des Teiches ihr Zuhause hatten, oder
- das Gurren der Tauben, das Geklapper der Störche, das Zirpen der Grillen,
- der Gesang der Vögel, der Segelflug der Schwalben,
- das Scharren der Hühner, das Krähen des Hahnes,
- das Bellen der Hunde, das Schnurren der Katzen,
- der Duft des Heues oder des frisch geschnittenen Getreides,
- das Surren der Dreschmaschinen oder der helle Klang des Schmiedehammers,
- die Hitze des Tages und die abendliche Kühle,
- aufziehende, in ständig neuen Gebilden erscheinende Wolkenwände,
- die alles verschlingenden Nebel im Herbst,
- die Schneeberge im Winter und die Eisblumen am Fenster,

- die langen Schatten, die die aufgehende Sonne auf den Hof geworfen hatte,
- der Klang der Pferdhufe, das Dehngeräusch des Pferdegeschirrs oder
- der Glockenklang vom Turm der Kirche.

Schöne, bleibende, Sehnsucht weckende, das Herz erwärmende Eindrücke! Der heutige schreckliche Zustand kann mein Heimatbild nicht trüben, nicht zerstören.

Tempelfeld – Was kann ich, Heimat mehr Dir geben als mein Herz?

Doch da ist noch mehr: *«Wenn es im Leben des Menschen etwas Bleibendes gibt, dann die seelischen Er-*

schütterungen, die er in seiner Kindheit und Jugend erfahren hat», sagte Theodor Storm schon viele Jahre früher.

Das traf uns in vollem Umfang. Wir hatten desorientierte, deprimierte Gestalten gesehen und den ständigen Kampf und die Demütigungen, denen unsere gute Mutter ausgesetzt war, miterlebt. Wir haben mit ansehen oder anhören müssen, wie Mutter und Vater eine Lawine des Hasses, der Häme, der Ablehnung und der Ausgrenzung ertragen mussten, ohne uns der Gründe bewusst zu sein. Warum musste ein Mensch, der uns liebevoll, völlig uneigennützig, mühselig, sorgenvoll angeleitet und geführt hat, so gequält werden? Wir haben auch gesehen, dass Mutter immer wieder die Kraft aufbrachte, allen Widerwärtigkeiten entgegenzutreten. In bewundernswerter Weise ertrug sie ihr Schicksal, ohne Selbstmitleid und ohne Klagen – eine starke Frau, die ihre Energie, das Leben zu meistern, aus der Sorge um uns Kinder schöpfte.

Ich habe erlebt, was Hunger, Not, Elend und Entbehrung bedeuten. Das hatte Auswirkungen: Die kriegsbedingten seelischen Erschütterungen wirkten fort. Tiefe, unser ganzes Leben prägende Wunden und Narben haben die Ereignisse der Zeit in unseren Seelen hinterlassen. Unbeschwertes Lachen war die Ausnahme, den Ernst des Lebens hatten wir in jungen Jahren schon erfahren müssen. Die viel beschworene Leichtigkeit und Sorglosigkeit junger Erwachsener musste ich lernen – immer wieder. Unsere psychosoziale Lebensqualität war und ist eingeschränkt. Bis ins hohe Alter rief jede Begegnung mit Fremden die Frage auf: «Verhältst Du dich richtig?» Im Unterbewusstsein spielte eine gewisse Verteidigungshaltung mit. Im anderen sah ich irrigerweise zunächst immer den Überlegenen, bis ich feststellte, dass der andere auch nur ein Mensch ist.

Zurückhaltung und Bescheidenheit blieben die Wegbegleiter, Selbstbewusstsein war immer zu erarbeiten und zu erkämpfen – jahrelang. Anderseits war das wohl auch die Ursache dafür, voran zu streben und Sicherheit zu suchen. Das hohe Bedürfnis nach materieller Sicherheit war einengend und ein ständiger Wegbegleiter.

Das Schicksal der Eltern, die einst in gesicherten Verhältnissen gelebt hatten und von heute auf Morgen in bittere Armut gestoßen wurden, wollte ich auf jeden Fall für mich vermeiden. Daher suchte ich als Heranwachsender mit Erfolg eine gesicherte Existenzgrundlage.

Was ist noch? Beim Rückblick auf das schwere Leben meiner Eltern und auf mein Leben steigt Wut auf Hitler und die Nazis auf. Denn sie waren es, die uns durch einen verbrecherischen, vollkommen sinnlosen Angriffskrieg unsere schlesische Heimat zerstört haben. Es muss unvergessen bleiben, was der Despot Hitler und seine Protagonisten in ihrem menschenverachteten Herren-Wahn verbrochen und letztlich auch dem eigenen Volk angetan haben. Darum ist es notwendig, niederzuschreiben was war, damit künftige Generationen nicht nochmal einem solchen Wahn und Wahnsinnigen erliegen.

Ich bin inzwischen noch mehrfach in meiner Heimat gewesen, habe die Kirche aufgesucht und Gottesdienste mitgefeiert und gab den neuen Dorfbewohnern Anlass, das 750-jährige Dorfjubiläum zu feiern.

Namen kehren zurück

Im Juni 2011 war ich mit einer Reisegruppe in Schlesien. Ein Abstecher in mein Dorf war Pflicht. Dort fragte mich der dortige Pfarrer Durlik, ob wir noch irgendwelche Urkunden von dem Ort und der Kirche hätten. Damit konnte ich ihm nicht dienen, wohl aber mit einer von mir verfassten, auf breite Literatur gestützten Broschüre unter dem Titel *«750 Jahre Tempelfeld – Geschichte eines schlesischen Dorfes»,* aus der viele Daten zur Kirche und zum Ort hervorgehen (Dorfgeschichte, Bau der Kirche, Kirchweihe, Fertigung des Altars und vieles andere). Der Pfarrer zeigte sich hochinteressiert. Als ich wieder zu Hause war, ließ ich sogleich eine Ausgabe auf den Postweg gehen. Ein halbes Jahr später erreichte uns eine Einladung zum 750-jährigen Jubiläum des Ortes. Ein großes Fest war für Pfingsten 2012 organisiert. Natürlich fuhren wir hin. In der Tat wurde das 750-jährige Bestehen gebührend gefeiert.[35] Zu Beginn war zu einem Festhochamt in der Kirche, zelebriert vom pensionierten Kardinal Gulbinovic aus Breslau, geladen. Für uns waren die ersten Bänke reserviert. Es waren tatsächlich die Plätze, die wir als Kinder schon eingenommen hatten. Das Gefühl, das mich dabei durchdrang, kann ich nicht beschreiben. Nach dem Hochamt begann ein großes Dorffest. An der Kirchhofmauer hingen alte historische Bilder aus dem alten Tempelfeld und andere Hinweise auf die deutsche Vergangenheit. Vor der Kirche war ein Gedenkstein aufgestellt, den Kardinal Gulbinovic einweihte.

Einweihung Gedenkstein vor der Kirche in Tempelfeld durch Kardinal Gulbinovic

[35] Obwohl der Ort gewiss schon 780 Jahre alt war, denn die Tempelritter sind 1226 dorthin gekommen, ließen riesige Wälder roden und zu Landwirtschaftsflächen umgestalten. Das wird einige Jahre in Anspruch genommen haben, so dass die Zeit um 1250 als Dorfgründungsdatum wahrscheinlicher ist.

Die rot/weißen und schwarz/rot/goldenen Schleifen, mit denen man den Stein verziert hatte, durfte ich zusammen mit dem ehemaligen Pfarrer Wachholz als Zeichen neuer Gemeinsamkeit durchtrennen. Leider fehlt auf dem Stein der historische Ortsname Tempelfeld, der direkt auf den christlichen Orden der Templer zurückverweisen würde.

Gemeinsame Durchtrennung der Schleifen durch Pfarrer Wachholz und Wolfgang Kay (Pfingsten 2012)

In meinem Grußwort an die Festgemeinschaft habe ich u. a. hervorgehoben, dass mir das, was heute geschieht, wie ein Beschluss aus dem Himmel erscheint – nach allem, was von der nationalsozialistischen Terrorherrschaft verursacht wurde und geschehen ist. Ich habe ihnen gesagt, dass Tempelfeld heute ihre Heimat ist. Seit nunmehr 75 Jahren leben sie in dem Dorf, sind dort geboren und aufgewachsen. Aber es ist und bleibt auch meine Heimat – nicht im eigentums- und besitzrechtlichen Sinne – es ist die Heimat meines Herzens. Der Sehnsuchtsort Tempelfeld lebt in mir. Dass die Menschen dort heute eine andere Sprache sprechen, stört mein Heimatempfinden nicht.

Tempelfeld hat mich immer wieder angezogen. So war ich schon 1977, 2005, 2006, 2009, 2011 und den Jahren danach hier. Und jedes Mal war ich mehr als erstaunt über die Gastfreundschaft und Herzlichkeit, die mir hier entgegengebracht wurde. Jedes Wiedersehen war und ist mir eine große Freude. Jeder Besuch meines Geburtsortes ist aber auch betrüblich; denn selbst über 75 Jahre nach dem Krieg deuten noch viele sichtbare Zeichen auf die wohl schrecklichste Zeit, die das Dorf erfasst hat, hin (und es hat viel erlebt. Die Hussitenkriege, den 30-jährigen Krieg, den Krieg Friedrich des Großen gegen Österreich und den Napoleon- Feldzug).

Einige eingefallene Scheunendächer, Gebäuderuinen und verwilderte Höfe werfen noch immer Fragen auf. Nur ein neues, architektonisch schönes Haus ist gebaut worden, das zeigt, wie Arm und Reich auseinander fallen. Allein die Einfriedung aus Natursteinen lässt auf eine besondere Stellung des Eigentümers schließen.

Daneben erstrahlt ein großer Bauernhof, das Gut des Großbauern Gloger, in neuem Glanz. Von hier aus werden wohl die meisten umliegenden Felder mit modernen Maschinen bewirtschaftet. Und vor dem Haus steht wieder die Statue des Hl. Nepomuk, die auch vor dem Krieg schon das Anwesen zierte.

Bei einem späteren Besuch meines Geburtsortes im Jahre 2018 durfte ich erfreut feststellen, dass im Eingangsbereich der Kirche eine Tafel hängt, auf der die Namen aller deutschen und in der Folge polnischen Priester von Tempelfeld aufgelistet sind. Auch das Denkmal, das auf die im Ersten Weltkrieg Gefallenen aus dem Dorf hinweist, hat seinen Platz behalten.

Unser Name hat das Dorf wieder erreicht, er ist mit der Dorfchronik (zwar in deutscher Sprache) im Pfarrarchiv hinterlegt. Polen bekennt sich offen zur deutschen Vergangenheit, zur deutschen Geschichte und Kultur. Eindrucksvoll beschreibt Peter Pragal in seinem Buch *Wir sehen uns wieder, mein Schlesierland* die heutige objektive, unverfälschte Aufarbeitung der Geschichte und die offenherzige Beziehung zu Deutschland.

Die Vertreibung der Deutschen und die Annexion des schönen Schlesierlandes als Folge des Hitlerschen Vernichtungskrieges ist bittere und unabänderliche Geschichte. Das alles muss aber schweren Herzens so bleiben, sonst müssten wieder Millionen Menschen rechtlos und gewaltsam ausgesiedelt, also vertrieben werden.

In einer zivilisierten Welt und im vereinten Europa soll niemand mehr sein Dach über dem Kopf verlieren. Darum ist Aufklärung und Erinnerung an die schrecklichen Verbrechen, die von Deutschland unter der blühenden Phantasie der nationalsozialistischen Gräuelpropaganda ihren Ausgang nahmen, nötig.

Ich habe eine Gastfreundschaft der Polen kennengelernt, die uns hier in diesem Ausmaß fremd ist, eine Freundlichkeit, die es wert wäre, Grenzen überschreitend zum Allgemeingut zu werden (so wie es vor 200 Jahren war, als deutsche Studenten für Polen demonstrierten und das Lied sangen «Noch ist Polen nicht verloren»).

Mein Schlesierland, mein Heimatland ist mir zum wiederkehrenden Ziel geworden. Und ich fahre immer wieder gerne hin, … dorthin, wo uns Mutter an die Hand genommen und ins Leben eingeführt hat.

An die Mutter

Doch nun zu Dir, einzige Mutter.

Ich bin mit meinen Gedanken so oft bei Dir.
Ich lerne Dich mehr und mehr verstehen.
Ich ahne Dich.

Wenn meine Gedanken bei Dir sind,
dann ist es, als ob mein kleiner, unruhiger Mensch
sich an etwas Festem, Unerschütterlichem festhält.

Das Schönste aber ist, dass dieses Feste,
Unerschütterliche so ein großes Herz hat.

Lass Dir danken, liebe Mutter,
dass Du uns so erhalten hast.

Lass Dich ganz ruhig und lange umarmen.

Paula Modersohn-Becker

Quellennachweis

Bardosseck, Alfred, Meine Jugendjahre 1945-1946, Selbstverlag, Westhofen 2008, hinterlegt im Heimatmuseum Ohlau, Altes Rathaus, Iserlohn.

Berthold, Will, Die 42 Attentate auf Adolf Hitler, Wiesbaden 2007.

Borodziej, Wlodzimierz, Als die Deutschen weg waren, Rowohlt Verlag, Hamburg 2007.

Bräuer, Margarete Maria Hedwig, Mein Tempelfeld, Selbstverlag, Freudenberg 1985, hinterlegt im Heimatmuseum Ohlau, Altes Rathaus, Iserlohn.

Gwodsz, Lilo, Breslau – Schmerzliches und Herzliches, Laumann Verlag, Dülmen 2012.

Knopp, Guido, Die große Flucht, Ullstein Verlag, München 2003.

Kossert, Andreas, Kalte Heimat, Die Geschichte der deutschen Vertriebenen nach 1945, Pantheon Verlag, München 2008.

Lettmann, Reinhard, in: Kirche im Dienst schlesischer Menschen, Seite 38, Münster 1998.

Meisner, Joachim «Der Mensch braucht zu seiner Identität die Heimat», in: Kirche im Dienst schlesischer Menschen, Seite 75 ff. Münster 1998.

Poplutz, Magnus, persönliches Gespräch vom 22.9.2008 und unveröffentlichte Niederschrift «Von Schlesien in den Westen».

Pragal, Peter, Wir sehen uns wieder, mein Schlesierland, Pieper Verlag, München 2012.

Rutsch, Hans-Dieter, Als die Deutschen weg waren, Rowohlt Verlag, Hamburg 2007.

Von Storm, Theodor, Gedicht: Letzte Sommertage.

Vita des Autors

Im Jahre 1939 erblickte ich (Wolfgang Kay) im schlesischen Tempelfeld das Licht der Welt.

Von 1946 bis 1954 besuchte ich die Volksschule, trat in einen Lehrberuf ein, arbeitete als Geselle in der Industrie und erhielt nach bestandener Aufnahmeprüfung im Jahre 1960 die Chance, Polizeibeamter zu werden. Im Zuge dieser Tätigkeit bekam ich die Möglichkeit zur Weiterbildung, wurde nach erfolgreicher Ausbildung leitender Polizeibeamter. In dieser Funktion war ich als Leiter der Polizeistationen in Kreuztal und Siegen tätig und wurde zum 1.12.1999 mit Erreichen des 60. Lebensjahres als Dezernent bei der Kreispolizeibehörde Siegen pensioniert.

Von 1973 bis 1978 habe ich an der Verwaltungsakademie in Dortmund Recht und Verwaltungsökonomie studiert und war später (ab 1987) nebenamtlich als Dozent an der Fachhochschule für öffentliche Verwaltung in Dortmund und Hagen tätig. Die Tätigkeit legte ich im 75. Lebensjahr nieder.